마음을 주는 손

마음을 주는 손

금담 정관

우리출판사

포교와 정진에 매진할 것을 당부하며

벼는 바람을 의지해 벌레를 털어내고 물고기는 파도의 힘을 빌려 지느러미를 단련시킨다고 합니다.

수행자가 행하는 그 어떤 일이든 불조(佛祖)의 뜻에 반(反)하지 않는다면 그 일을 통해서 한층 단련되고 성숙한 모습으로 거듭날 수 있다고 생각합니다. 부족한 저의 도제(徒弟) 정관 수좌(修座)가 『천수경』을 주제로 책을 펴낸다 하니 참으로 고마운 일입니다.

누구나 자기가 가진 재주로 중생을 이롭게 하는 것이 곧 자비보시의 정신이라고 생각합니다.

그동안 몇 권의 시집과 수필집을 발간하여 포교 일익을 담당한 사실만으로도 축하와 격려의 박수를 보낼 만합니다.

앞으로도 더욱 포교와 정진에 매진할 것을 당부하면서 추천사에 대신합니다.

나무 불 법 승

불국사 회주 겸 주지 나가 성타 합장

마음을 주는 행복한 손

심생즉종종법생 心生卽從從法生
심멸즉종종법멸 心滅卽從從法滅

마음이 일어나면 갖가지 번뇌가 일어나고
마음을 내지 않으면 모든 번뇌는 사라진다.

나는 신라의 원효 큰스님께서 지으신 이 구절을 특히 좋아한다. 아름다운 생각을 하고 사는 사람은 행복한 마음을 가지게 되고, 행복한 마음을 가진 사람은 세상을 보는 눈이 평화롭고 따뜻할 것이다.

대승불교에서 표방하는 보살사상이 잘 담겨 있어 불자들에게 가장 널리 애송되는 『천수경』은 그동안 많은 해설서들이 출간되었다.

지금까지 있어왔던 『천수경』의 해설서를 바탕으로 하여 에세이 형식을 빌어 『천수경』을 재 구성해 보았다. 『천수경』에 담긴 의미를 좀 더 이해하고 누구에게나 마음을 주는 아름다운 손이 되기를 바라는 마음에서 「마음을 주는 손」이라고 제목을 붙였다.

　이 책은 『천수경』의 한문 번역에 대한 오역이나 의역에 대한 논의는 뒤로 하고 다만 『천수경』을 통해 진정한 실천 신앙인으로 거듭 나기를 바랄 뿐이다.

　이 책에 나오는 인물들은 하나같이 우리들의 선지식들이다. 어떤 정신으로 기도하고 염송하며 실천할 것인가의 문제에만 의미를 두고 싶다.

　그래서 이 책을 보는 많은 독자들이 진정 마음을 주고 나누는 여유롭고 행복한 손이 되기를 발원한다.

　끝으로 나의 은사이신 불국사 주지 나가 성타 큰스님의 은혜에 보답하고 그동안 베풀어주신 손 이사님과 마산 해인 처사님 내외분 그밖의 많은 분들의 시은(施恩)에 보답하는 노역(勞役)이라 여기며 여러 가지로 애써주신 출판사 관계자 여러분께도 고마움을 전한다.

2011년 3월　향림산방에서

금담 정관

| 차 례 |

추천사 5
책을펴내며 6

제1장 마음 문을 열고

14 나무 심는 노인
20 아름다운 손
27 향기나는 입
33 오방을 살펴라
40 마음 문을 열고

제2장 비우고 또 비워라

50 봄꽃의 미소처럼
54 자비의 어머니
61 마음을 주는 손
66 비우고 또 비워라
73 길을 떠나며
80 생명의 비
87 작은 것에 만족하라

제3장   거침없는 나눔

94   일체의 법

101   거침없는 나눔

108   뱃사공의 노래

114   자유로운 영혼

120   아름다운 우정

제4장   열한 가지 얼굴

128   날카로운 삶

134   뜨거운 고통

139   지옥의 의미

145   축생들의 세상

151   열한 가지 얼굴

제5장 물을 뿌리며

160   진언의 힘

167   물을 뿌리며

172   나의 현주소

제6장 모든 생명 사랑하라

180   이솝우화의 교훈

185   시작은 참회로부터

189   모든 생명 사랑하라

194   양상군자의 교훈

200   짝에 대하여

207   침묵의 언어

211   아첨의 대가

215   자아타카 이야기

219   냉혹한 직설

225   탐욕의 화신

231   화 잘 내는 핑기카

236   어리석은 여인

제7장 믿음이 깊다면

246 사랑의 약속

252 믿음이 깊다면

257 무한한 능력

261 진언 모음

제8장 목숨이 다할 때까지

268 마섭굴의 전설

277 아낌없이 주는 나무

284 목숨이 다할 때까지

290 묘선 공주 이야기

당신과 내가 만나는 지금 이 순간은 더없이 소중하고
깊이를 알 수 없는 미묘한 인연이다.

제 1 장
마음 문을 열고

나무 심는 노인

아름다운 손

향기나는 입

오방을 살펴라

마음 문을 열고

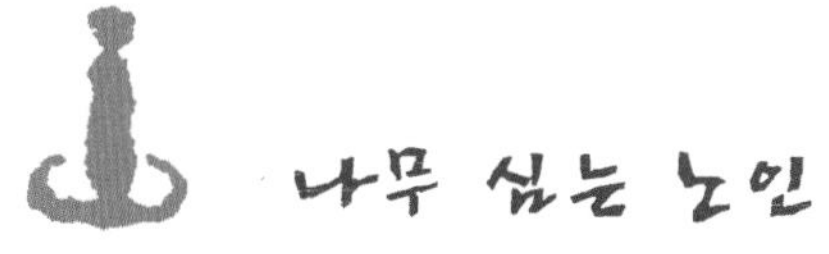

나무 심는 노인

어떤 마을에 부지런한 노인 부부가 살고 있었다. 이들은 이웃들에게 부지런한 노부부로 소문난 사람이었다. 한 가지 아쉬운 것은 자식이 없어 쓸쓸하게 노년을 보낸다는 것이었다.

노부부는 눈을 뜨면 매일 마을 뒷산을 개간하여 텃밭을 일구고 과일나무를 심었다. 그런 노부부를 보고 동네 사람들은 말했다.

"지금 나이가 80세가 다 된 할아버지께서 누구를 주려고 이렇게 어린 과일나무를 심는 것입니까? 언제 키워서 과일 맛을 볼 수 있겠습니까? 아마 모르긴 해도 한 10년은 자라야 할 것 같은 데요."

동네 사람들은 다소 조롱이 담긴 말투로 걱정들을 했다. 그러자 할아버지는 단호히 말했다.

"그대들이 맛있게 먹는 사과나 배, 호도 등 과일은 스스로 심고 키워서 따 먹는 것인가?"

동네 사람들은 할아버지의 말뜻을 이해하지 못하는 눈치였다. 그러자 할아버지는 다시 말했다.

"그대들의 아버지, 더 올라가 할아버지나 조상들이 부지런하게 가꾸어 놓은 과일나무가 지금 열매를 맺어 우리 모두가 맛있게 먹을 수 있다는 사실을 잊어서는 안 되지."

이 말을 들은 마을 사람들은 할 말을 잊었다.

그렇다. 지금 당장 자신에게 이익이 되지 않는다고 해도 먼 훗날 누군가에게 득(得)이 되고 도움이 될 만한 일이라면 그것 역시 보람된 일이라 할 것이다. 우리는 자신에게만 이익되는 일을 즐겨하려고 한다. 그 일이 모두에게 고루 이익 되는 일이라면 비록 당장 그 일이 성취되지 않는다고 하더라도 한 그루의 과일 나무를 심는 마음을 가져야 할 것이다.

중국의 유명한 우공이산의 이야기는 또 다른 교훈을 남긴다. 「열자(列子)」 '탕문편(湯問篇)'의 한 이야기를 보면 태행산과 완옥산 건너편에 우씨라는 성을 가진 노인이 살고 있었다.

어느 날 우 노인은 마당 앞 정자에 앉아 있다가 문득 자신의 눈앞에 가로 놓인 두 개의 산봉우리를 보게 되었다. 그는 '저 앞이 두 개의 산에 가로 막혀 답답하구나. 좀 더 앞이 확 트였다면 멀리 바라볼 수 있었을 것인데…' 라고 혼자말을 하였다.

그런 생각이 미치자 우공은 조망권을 확보하기 위해 자신의 집을 가리고 있는 태행산과 완옥산을 헐어서 평지를 만들 거대한 건설 계획을 세웠다. 그런데 문제는 우공의 나이가 90세에 가까운 노인이었기에 그 같은 생각은 누가 보아도 무모한 도전이었다. 그러나 우공은 가족들을 모아 놓고 말했다.

"오늘부터 너희들은 나와 함께 저기 보이는 앞산 두 개를 깎아서 평지를 만들도록 하자. 그리하면 우리 집은 전망 좋은 집이 될 것이다."

우공의 말을 들은 자식들은 아버지의 황당한 계획을 듣고 아무 말도 하지 못했다. 지금처럼 성능 좋은 포크레인 따위의 기계가 있는 것도 아니고 단순하게 사람의 노동력에 의지해 삽과 괭이로 그 높은 산을 헐어서 평지를 만든다는 생각은 정상적인 사고를 가진 사람이라면 꿈도 꿀 수 없는 일이었다.

이 소문을 듣고 우공의 친구 지수라는 사람이 찾아와서 말했다.

"여보게 친구, 자네 나이를 생각 하시게나. 어느 세월에 저 높은 산을 파서 다 옮길 수 있겠는가. 그만 두는 게 좋겠네. 다시 한번 생각해 보게. 친구는 물론 자네 자식들이 늙어 죽을 때까지 파내어도 절반도 못 해낼 불가능한 일일세."

우공은 친구의 만류를 듣지 않았다. 오히려 그는 더욱 더 굳은 의지를 보이며 이렇게 말했다.

"에끼! 이 사람, 어떻게 꼭 나의 대(代)에서만 성공할 것이라고 생각하

나. 내가 안 되면 내 자식이, 그도 아니면 내 손자가 계속해서 끊이지 않고 이어 간다면 언젠가는 저기 버티고 서 있는 태행산과 완옥산도 평지가 되고 말 것이야. 낙숫물이 떨어져 모이면 큰 강물을 이루는 법일세. 두고 보게나."

우공은 아주 자신만만한 표정으로 친구를 설득해 보냈다. 그 후 우공이 산을 파 내어 걸어서 1년이나 걸리는 바닷가로 흙을 옮기자, 이를 본 옥황상제가 산이 없어질 것을 우려해 천신들에게 명해 산을 옮기게 했다.

이 두 이야기는 오늘날의 현대인들에게 많은 가르침을 준다. 쉬지 않고 꾸준하게 한 가지 일만 열심히 하면 마침내 큰 일을 이룰 수 있다는 교훈을 담고 있다.

보통의 사람들은 처음 출발점에서는 꼭 해내고야 말 것처럼 용기백배하다가도 조금 어려워지거나 조건이 나쁘면 중도에서 쉽게 포기하고 만다. 인내심이 부족한 탓이다. 게으른 사람일수록 투철한 사명의식도 없고 실현 가능한 목표나 끈질긴 지구력도 없다. 게다가 작은 노력으로 큰 것을 얻으려는 요행심만 가득하다. 우물에 가서 숭늉을 찾는 식의 빠른 결과를 바라거나 아니면 짧은 시간 안에 효과를 극대화하려는 얄팍한 술수를 부리기도 한다.

이처럼 비능률적이고 비합리적인 심리는 특히 종교인이 경계해야 할 마음 자세이다. 나 혼자만 이익을 얻으려는 돼지 같이 욕심 많은 기도를 하고 있는 건 아닌지, 하루라도 빨리 당장 이 기도가 성취되었으면 하는 조급증 환자는 아닌지 자문해 보자.

간혹 어떤 불자들은 염송기도는 하찮은 것처럼 생각하기도 한다. 단순한 염불만으로는 무슨 수행이라 할 것도 없지 않은가 하고 반문하기도 한다. 『천수경』을 외우는 정도로 선방(禪房)에서 수행하는 수좌 스님들을 따라갈 수 있겠는가 하고 생각한다. 선(禪) 공부와 염송(念誦) 기도는 차원이 다른 것처럼 잘못 알고 있다.

선가에서 전하는 다음 4구게가 증명하듯 분명한 것은 얼마나 깊이 있는 삼매의 참선이냐, 염송기도이냐의 차이만 있을 뿐이다. 지극한 마음과 혼신을 다한 기도정진이 몸에 밴다면 이루지 못할 목적은 없다고 선언한다.

만연도방하　萬緣都放下
단념관세음　但念觀世音
차시여래선　此是如來禪
역명조사선　亦名祖師禪
밖에서 다가오는 오만가지 인연을 몽땅 놓아버려라.

안에서 일어나는 오만가지 잡념도 모두 놓아버려라.
오직 한 생각을 집중하여 관세음보살을 염송하라.
이것이 부처님 되는 길이며 조사선이라고 이름한다.

기도자의 수행법은 마치 장거리를 달리는 마라톤 선수처럼 그렇게 가야 한다. 한번 생각해 보자. 출발지점에서 뛰어나온 마라톤 선수가 비가 온다고, 눈이 온다고, 바람이 너무 세차게 분다고 중도에 포기할 수는 없는 일이다. 그렇다고 지름길로 새치기 할 수는 더 더욱 없는 일이다.

그와 같은 행위는 반칙패이기 때문이다. 어떤 핑계를 대더라도 중도에 그만두는 행위는 비겁한 일이다. 개개인이 살아가는 일생 동안 자기 앞에 놓여 있는 삶의 주제가 무엇이든 정직성과 성실성이 담보 되지 않는다면 늘 불안한 하루하루의 연속일 것이다. 자신의 삶을 더욱 알차게 잘 살기 위한 방편으로 『천수경』(千手經) 염송(念誦)을 권한다.

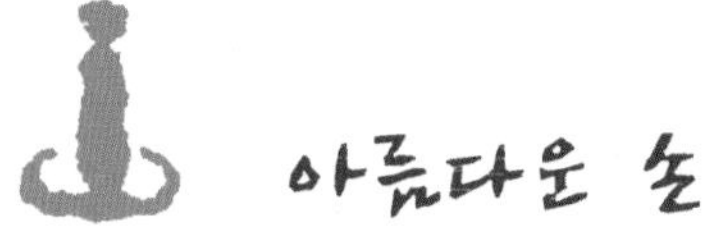 아름다운 손

눈이 내리는 산사의 겨울밤은 너무나 고즈넉하다. 때로는 포근하게 내리는 눈 소리를 들으며 그것만으로도 충분히 행복할 때가 있다. 밤새 눈이 내린 다음날 나뭇가지마다 쌓여있는 눈꽃은 아름다운 겨울 풍경을 자랑하듯 하얀 천지를 만들어 놓는다.

벌거벗은 나목들이 머리에 이고 서 있는 눈의 무게는 우리네 삶의 무게처럼 힘겹게 느껴진다. 나무들의 겨우살이란 기다리고 인내해야 할 고통을 포함하고 있다는 생각이 든다.

우리나라 같이 사계절이 뚜렷한 나라에서는 겨울에 눈이 오지 않는다는 것은 오히려 걱정거리이자 두려움마저 동반하게 된다. 일찍이 농경사회의 경험 많은 우리 선조들은 겨울에 내리는 눈의 양을 측정해서 그해 농사를 미리 예측하기도 했다.

요즈음 세간에서도 기후 변화에 민감한 전문가들이 입을 모아 이구동성으로 내놓는 소견이 있다. 이를 종합해 보면 앞으로 우리가 사는 이 땅에서도 눈을 보기 힘든 겨울날이 더 많아질 거라는 의견을 내놓는다.

나라마다 무차별적으로 대기권을 오염시키는 물질들을 쏟아내 지구의 온난화를 비롯한 이상 기후를 부채질하고 있다. 환경 문제 전문학자나 기상 관측 전문가가 아닌 일반인들은 그것이 무엇을 의미하는지 잘 모른다. 지구의 감기 몸살이 모든 생명의 생존과 직결되어 있음을 주의 깊게 살펴야 한다. 그것이 얼마나 심각한 사안인지 자각해야만 한다.

더욱 우려스러운 것은 이 같은 지구 변화에 편승하여 일부 몰지각한 기회주의자들은 지구 멸망을 예언하며 필요 이상의 자료들을 쏟아내고 있다. 이러한 일련의 종말론에 자칫 현혹된 이들은 불안에 더하여 공포를 느끼기까지 한다.

지구의 재앙, 즉 종말이란 그리 쉽게 입에 담을 수 있는 일이 아니다. 우주의 엄혹한 질서는 성주괴공(成住壞空)의 반복적 연속선상에 있다. 지구가 나이를 더 먹으면 언젠가는 성주(成住)의 주기를 마치고 괴공(壞空)의 시기가 도래할 것이다.

그러나 분명한 것은 모든 정황 증거로 비추어 볼 때 지금 당장은 지구가 멸망하지 않는다는 것이다. 그런데 그 같이 터무니없고 근거 불충분한 이야기들이 헛소문으로 계속 확대 재생산되어 퍼져나가고 있다. 옳지 않은 억측들을 믿고 따르는 사람들의 마음은 더욱 불안한 모양이다.

어떤 이들은 이 시대의 도덕성 파괴로 인한 위기의식이 불러오는 불안감으로 진단하기도 한다. 아직 오지 않은 미래의 일들을 미리 걱정하고 두려워하는 것도 중생심으로 볼 때 어쩔 수 없는 일이기는 하다. 철학자 스피노자가 말한 "내일 당장 지구의 종말이 온다고 해도 오늘은 사과나무를 심을 것이다."라는 매우 희망적이고 긍정적인 명언이 생각난다.

역설적으로 이 기회에 곧 지구가 사라져 없어질 것이라는 가정을 해 보자. 언제 찾아올지 모를 그 무서운 재앙의 시간까지 무엇을 어떻게 해야만 자신에게 주어진 짧은 시간을 보다 값지게 쓰고 갈 수 있을까. 인간은 그가 누구이든 몇 백 년씩 늘려 살 수 있는 특별한 비법은 없다.

현대의학이 발달하면 할수록 인간의 평균 수명은 점점 늘어난다고 한다. 그러나 아직까지 100세 이상 사는 사람은 그렇게 흔치 않다. 한평생 살면서 숨을 멈추는 임종의 마지막 날에 한번쯤 살아온 날들을 뒤돌아본다면 어떤 느낌일까.

중국의 사상가 장자는 "인생이란 비유하자면 태어나서 사는 기간이 마치 흰 망아지가 빠르게 달려가는 것을 문틈으로 내다보는 것처럼 짧은 찰나적 시간과 같다."라고 했다.

이렇게 짧은 동안 저마다 자기에게 주어진 역할 가운데 어떤 역할에 가장 중점을 두고 살아 왔으며, 또 어떤 역할이 가장 행복했고 보람 있었는지 곱씹어보아야 할 것이다.

지금까지 삶을 영위하는 매순간 자신이 감당한 역할이 정당했는지 아니면 부적절했는지도 점검해야 한다. 본의 아니게 부끄러운 일을 저질러 놓고 수습하지 못한 일은 없는지도 살펴볼 일이다. 지금 하는 이 일이 온당한지, 불의와 타협하고 있는 건 아닌지 반조(返照)해 보는 시간도 필요하다. 살아가면서 가장 고통스러웠던 순간이나 기억에 남는 일들을 꼽으라면 사람마다 처한 조건과 동기에 따라 다양한 이야기들이 나올 것이다.

평소 잘 아는 스님네 절에서 그곳에 다니는 신도님들과 함께 죽음을 체험해보는 이벤트성 행사를 치룬 적이 있다. 가까운 장의사 집에서 관을 하나 구해다 놓고 관에 들어가기에 앞서 한 사람씩 가족들에게 남기는 유서를 작성하게 했다. 그런데 진짜 죽음을 맞이하는 것처럼 모두들 진지하고 숙연한 분위기 속에서 의식이 진행되었다.

어떤 이는 눈물을 펑펑 쏟으며 울기도 하고, 어떤 이는 죽음에 대한 두려움과 공포 때문인지 덜덜 떠는 모습도 보였다. 재미있는 것은 모두가 하나 같이 유서에 남긴 글들이 지난날 잘못 살아온 과오에 대한 뉘우침과 참회라는 사실이다.

사람은 본래 선인(善人)이 따로 있는 것도 아니고 그렇다고 태어날 때부터 악한 사람으로 도장 찍혀 나오는 것도 아니다. 살아온 여건과 여러 가지 이유 때문에 본의와는 상관없이 악한 역의 주인공이 되기도 한다.

그래서 임종을 앞둔 사람들은 아무리 악독한 살인죄를 저지른 사람이라 할지라도 하나같이 착하고 선한 사람으로 개심(改心)한다고 한다. 그때 그 절 주지 스님의 말씀이 매우 인상 깊었다.

"이제 오늘 이 시간 이후부터 다시 태어나 새롭게 살아갈 수 있는 기회를 여러분 모두에게 드렸으니 마지막 남은 인생은 한 톨의 후회도 미련도 없는 삶을 살도록 하세요."

죽음 체험에서 배운 것은 한생을 마감하는 날 한 티끌의 후회도 남지 않기를 바라는 마음으로 살아야 한다는 것이다. 자기 앞에 놓여 있는 삶을 온 정성을 다해 산다는 것이 말처럼 그리 호락호락한 일은 아니다.

사람은 일생 동안 살면서 헤아릴 수 없이 많은 일들을 직·간접적으로 경험하고 시행착오를 겪는다. 코흘리개 어린아이 때부터 시작해서 80대 백발이 성성할 때까지 수많은 일들을 하게 된다. 요람에서 무덤까지 살아가는 동안 때로는 천 번도 더 좋은 일에 동참하고자 노력했을 것이고, 어떤 때는 백 번도 더 악한 일을 염두에 두고 복수를 생각했을 수도 있다.

개인의 차이는 있을지 몰라도 저마다 맡은 역할을 세밀하게 따져 본다면 살아가면서 수많은 일들을 겪게 마련이다. 직장인의 경우 대리, 과장, 사장, 누구의 아들, 친구, 남편, 아빠 등 그 많은 역할들을 수행해 오면서 상대들의 편리나 이익, 욕심이나 욕망의 재물로 쓰이고 이용 당하지 않았다고 확신할 수 있겠는가. 반대로 모두에게 소중한 기억으로 남거나 한없는 기쁨과 행복감을 주는 다정한 역할에 정말 충실했다고 자부할 수 있겠는가.

사람이 한꺼번에 천 개의 손을 가지고 일을 해 내지는 못한다. 그러나 우리는 때때로 쉴새없이 천만 개의 손을 움직이고 있다. 내 가족을 위해 새벽부터 일터에 나가는 가장의 책임 있는 손은 위대하다. 가난하고 굶주린 이웃을 위해 자비를 베푸는 손부터 고독하고 슬픈 이의 눈물을 닦아주는 손, 이 사회의 더럽고 먼지 나는 곳을 쓸고 닦는 손까지 그 아름다운 손이 하나 둘 모이면 마침내 천 개의 손이 된다.

나를 필요로 하는 곳마다 내미는 아름다운 손은 인간의 손이 할 수 있는 가장 존경 받아 마땅하고 경애 받아야 할 장대한 선업(善業)이다. 조금만 시간을 내어 보다 적극적이고 능동적으로 내 이웃들을 섬기며 헌신하고 봉사하는 마음을 내어보자. 그리고 그 역할을 일회성으로 만족하지 말고 중단 없이 지속적으로 감당할 때 이것이 바로 아름다운 회향이다.

이 같이 살 수 있다면 후회 없는 한생을 살았다고 자긍심을 가져도 무방할 것이다. 인간애(人間愛), 즉 사람이 사람을 사랑하는 일이 선택일 수는 없다. 최선의 귀의처라고 감히 말할 수 있다.

향기나는 입

　　부드럽고 자비로운 것이 얼마나 소중한 가치인가를 새삼 깨닫게 하는 일이 있었다. 평소 성가신 어금니 때문에 고생을 하던 차에 큰 마음 먹고 치과에 들렀다. 뿌리까지 몽땅 썩어버린 어금니 하나를 발치했다. 단단한 치아가 부드러운 혀보다 수명이 짧다는 배신감도 맛보았다. 강하고 오래 갈 것 같은 믿음은 그만두고 뿌리째 썩어버리는 참담함이 못 견디게 서럽고 아팠다.

　　그뿐만이 아니다. 치과에 가면 의사 선생님이 치료 의자에 길게 뉘여 놓고 무조건 입을 크게 벌리고 있으라고 주문한다. 치료를 해야 할 의사 입장에서 보면 부득이 다른 방법이 없기는 하다. 억지로 소나 말처럼 이빨을 흉물스럽게 드러내는 것 같은 모양새는 영 내키지 않는다. 도대체 인간적 존엄이나 최소한의 자존심마저도 송두리째 뭉개버리는 치과의 치료 방법은 엄청난 심적 불편함을 감내하게 했다.

치료하는 내내 입을 쩍 벌리고 침을 질질 흘리며 누워 있는 나의 몰골을 상상하면 부끄럽기도 하고 민망하기 이를 데 없다. 세월이 가면 하나둘씩 부서져야 할 몸뚱이의 순서 가운데 치아도 제법 빠른 순위에 드는 것 같다.

치아를 발치하고 나서 왠지 허전하고 입안 전체에 감각조차 없다. 고통을 덜어주기 위해 마취 주사액을 입안에 주사한 모양이다. 볼을 꼬집어도 아프지 않다. 오늘 내 입에서 일어난 복잡한 수난 사건은 단순히 충치를 뽑아내서가 아니다. 지금까지 살아오면서 얼마나 필요 없는 입놀림을 많이 했으며, 또 얼마나 아귀처럼 쓸데없는 것들을 입안에 몰아 넣었는가에 대한 과보처럼 느껴진다.

입은 우리에게 너무 많은 것을 제공해 주고 있다. 얼굴의 균형면에서도 그렇다. 입이 약간 삐뚤어진 사람 또는 입꼬리가 올라간 사람, 입꼬리가 처진 사람, 이런 여러 가지 입 모양에 따라 웃는 모습을 보이기도 하고 화나는 모습으로 보여지기도 한다.

입의 기능성만 보더라도 그 수를 헤아릴 수가 없다. 우선 입은 인간의 본능적 식욕을 충족시켜 주기 위해 다양한 음식물을 위장으로 보내는 창구 역할을 한다. 혀가 맛과 향을 점검하고 딱딱하고 부드러운 것을 가려서 선택하는 일차적 역할을 하면, 그 다음에는 침샘이 침을 분비하여 음식과 버무리는 한편, 이빨로는 적당한 크기로 잘라 목을 통해 넘겨주는 음식물 반입구로서의 중요한 역할을 담당하는 것이다.

어디 그뿐인가. 사랑하는 연인들끼리 사랑의 대화를 주고받고, 상대를 위하여 아름다운 아리아를 부르며 달콤한 사랑을 나누는 입술은 오래도록 변치 않을 사랑을 확인시켜주기도 한다.

입의 역할 중 가장 중요한 것은 아마도 이 소리통 역할일 것이다. 그 소리를 귀로 듣고 청각적인 반응이 어떤 느낌으로 전달되는가 또는 어떤 의사를 개진하고 전달할 목적으로 이 같은 소리를 내는가 하는 것을 판단한다.

생명체들의 소리는 저마다 특성을 가지고 있다. 새소리나 짐승 소리, 심지어는 바다에 살고 있는 돌고래의 울음소리는 수 킬로미터나 되는 아주 먼 곳까지 퍼져서 멀리 떨어져 있는 자기 종(種)들에게 매우 요긴한 메시지나 정보를 보낸다. 소리를 문자라는 약속 부호로 만들어 사용하며 다양한 정보를 주고받으며 의사 전달의 또 다른 수단으로 쓰고 있는 것은 인간만의 특권이다.

사람의 목소리는 때로는 아름답고 달콤하게, 때로는 간지럽게, 때로는 불쾌하게 들리기도 하여 그로 인한 감정적 변환은 매우 복잡하다.

사람들은 선천적으로 목소리를 타고 난다. 자신의 고유한 목소리가 곱고 예뻐서 성우 같은 사람이 있는가 하면, 어떤 사람은 자신의 목소리조차도 스스로 듣기 거북한 탁음의 소리를 가진 사람도 있다. 서양의 유명한 오페라 가수를 비롯한 팝 가수들, 우리나라 대중 음악가수나 명창 등 동·서양을 막론하고 좋은 목소리는 선천적으로 기본음을 가지고 있다.

후천적으로 좋은 소리를 내기 위해서는 득음의 과정을 거쳐야 한다. 자기가 원하는 소리를 얻을 때까지 피를 토하는 수련과 노력이 따라야 한다. 그리하여 마침내 그들은 영혼의 소리를 들려주게 되고 그 소리를 듣는 청중들은 가슴으로 울고 웃으며 감성에 젖기도 한다.

성악뿐만 아니라 말소리 역시 중요한 의사 전달의 언어수단으로서 입과 입술 모양의 움직임에 따라 다르게 표현되기도 한다. 같은 음이지만 그 소리의 높낮이가 다를 때 전혀 알아듣기 어려운 당혹감을 경험하는 경우도 더러 있을 것이다.

살아가면서 듣기 좋은 소리, 부드러운 속삭임 같은 소리, 향기가 나는 소리, 희망을 주고 용기를 주는 소리만 골라가며 들을 수는 없다. 반대로 듣기 힘든 욕설이나 감언이설, 상대를 얕보는 듯한 언어, 남을 험담하는 소리 등도 입을 매개로 해서 주고 받는다.

게다가 말하는 그 사람의 품위나 감정도 여과 없이 상대편에게 건너가게 되어 있다. 입에서 입으로 전하는 말들이 부드럽고 곱다면 얼마나 좋을까. 언어의 표현에 따라서 입에서 나는 향기가 다르며 이 말의 향기는 그 사람의 얼굴 표정까지 바뀌게 한다.

비록 인위적이기는 하지만 입안을 청정하게 하는 방법이 없는 것은 아니다. 구강의 청결 문제로 인하여 발생하는 입 냄새를 말하려는 것이 아니다. 의사를 전달하는 언어의 표현인 입놀림, 곧 말소리가 얼마나 향기가 나는가를 살피는 것이 더 중요하다는 말이다. 그래서 불교에서는 입에서 나는 더럽고 역겨운 소리의 냄새를 경계하는데 더 마음을 쓴다.

부처님께서는 『법구경』에서 "부드러운 말 한마디 미묘한 향이로다."라고 말씀하셨다. 어떤 철학자는 "언어 칼에 찔린 상처는 수십 년 동안 치유가 불가능하다."고도 했다. 잘못된 의사표현으로 상대를 심각하게 분노하게 하는 것도 방정맞은 입놀림에서 비롯된다. 세 치 혀는 때로는 사람을 죽이고 살리는 흉기가 되기도 하고, 반대로 천 냥 빚을 탕감 받는 일등공신이 되기도 한다.

이처럼 입이 가진 순기능과 역기능은 말로 다 표현하기 힘들 정도로 많다. 잘못된 일상적 언어 습관들이 입에서 귀로 전달되면서 더럽고 누추한 냄새를 풍긴다면 그것은 참으로 안타까운 일이 아닐 수 없다. 상대의 마음을 움직이기 위해 전하는 언어는 정직성과 진정성을 가득 담아서 마음으로 말해야 한다. 그러면 그 말은 향기가 되어 그 말을 듣는 이의 가슴에 오래도록 훈훈한 향기로 남을 것이다.

정구업진언 淨口業眞言
「수리수리 마하 수리 수수리 사바하」

향기나는 입과 진실하고 정직한 말로
세상을 맑고 밝게 하소서.

오방을 살펴라

　　땅거미가 지는 저녁 시간이 되면 먼 산을 바라보는 습관이 생겼다. 어둠이 저만치 걸어오면 나의 오늘은 무엇으로 채워졌는지 생각해 보게 된다. 안일하고 방종한 시간들은 아니었는지, 쓸데없는 군더더기를 널어놓고 주어 담기 바쁜 하루는 아니었는지 돌아보게 된다.

　　멀리 산 아래 어디선가 하루를 치열하게 살고 있을 저 많은 사람들 가운데 정녕 가슴 아픈 사연들을 지닌 채 억울한 일로 고통 받는 사람들이 얼마나 많을까 생각하게 된다.

　　이렇게 큰 무게의 그림으로 남는 하루의 마감은 왠지 우울하다. 그들에게 나는 수행자로서 아니 중생을 구제하겠다는 서원을 세운 종교인으로서 무슨 역할을 어떻게 했는지 자문하게 된다. 나는 그들에게 과연 무엇을 해 줄 수 있단 말인가. 답이 나오질 않는다.

가난한 나의 손은 간절한 기도밖에 아무것도 건네줄 게 없다. '중생무변서원도(衆生無邊誓願度)'이다.

이러한 나에게는 어둠이 절실하다. 미처 충분하게 해 내지 못한 제 역할에 대한 부끄러움을 감추고자 어둠 뒤에 숨고자 하는 비겁한 마음이 일어남을 숨길 수 없다. 어둠으로 인해 발밑조차 분간하기 어려운 캄캄함을 핑계 삼아 부족함을 정당화하고 합리화하려는 내 자신이 부끄럽기만 하다.

어둡다는 것은 어리석다는 말이다. 아무런 문제 의식도 없이 정신세계가 어둡고 캄캄하다면 그는 정말 세상에서 가장 무서운 어둠에 갇혀 사는 불쌍하고 쓸모없는 사람일 것이다. 지혜 있는 자와 어리석은 자의 차이점은 그렇게 크지 않다. 어리석은 사람은 인류의 보편적 가치인 사랑에 목적을 두지 않은 사람이다. 반대로 지혜로운 사람은 모든 살아 있는 생명들의 이익을 자비로운 마음으로 대해 줄 수 있는 사람이다.

저 혼자만 제일 중요하고 자기의 주의 주장이 다 옳고 타인과의 타협이 불가능한 독재성이 다분하고 호전적인 인간형은 어두운 사람, 지혜가 모자라는 사람이라 할 것이다. 주변의 빈축을 살 만한 그릇된 행동도 정당하다고 뉘우침도 없이 입에 거품 물고 덤비는 축들은 무지의 극치다.

이러한 사람들일수록 이웃의 고통이나 어려움에 귀를 닫고 사는 욕심

많은 사람들이다. 바로 이런 류의 어리석은 사람들이 칠흑 같은 어둠속에 푹 파묻혀 사는 인생이다.

중요한 것은 자신이 서 있는 위치에서 동, 서, 남, 북 사방에다 중앙의 오방까지를 둘러보고 살펴가면서 살아야 한다는 것이다. 동쪽에 사는 친구, 서쪽에 사는 친척, 남쪽에 사는 이웃사촌, 그동안 잊고 살았던 북쪽 친구들 그리고 가장 가까이 있는 사람들과 아주 작은 생명들에게까지 안위(安慰)를 제공하며 아름다운 사랑과 헌신을 해야 할 이유가 있다.

그들은 곧 나를 위해 살고 있으며 나 또한 그들을 위해 살고 있기 때문이다. 사람들의 상생 원리는 상호보완적이며 협동적인 관계여야 한다고 쉽게 말한다. 그러나 정작 실재하는 삶의 모습들은 상생이기보다 상극에 가깝다.

구태여 무슨 설명이 필요할까 싶지만 비근한 예를 들어 인간은 물과 맑은 공기가 없다면 단 하루도 생명을 유지할 수 없다. 인간의 신체적, 생리적 구조의 특성을 생각해 보면 단번에 눈치 챌 수 있다. 나무들이 울창한 숲에서 뿜어내는 신선한 공기, 즉 엄청난 산소량은 그저 고마울 따름이다.

나무와 풀들이 잘 자라지 않는 척박한 땅, 먼지만 풀풀 날리는 황량한 모래사막을 상상해 보자. 숨이 턱까지 차오른다. 그곳에 물 한 방울 남아 있을 턱이 없다. 어쩌다 비라도 내리면 그 빗물을 받아 잠시라도 저장해 둘 수 있는 저수 기능이 불가능한 사막의 땅은 곧 죽음의 땅, 불모지다.

그러므로 물이 없는 땅에서는 단 하나의 생명도 살아남을 수가 없는 악순환의 연속인 것이다. 나무와 풀이 무성한 우리나라 땅의 숲들은 물을 저장하고 오래 품고 있다가 적당한 시기에 서서히 계곡으로 흘려 보낸다. 또 갈수기에 목마름을 적셔 주는 물의 원천은 바로 그와 같은 자연의 순환 원리에 따라 이루어지는 것이다.

아무렇게나 자라는 것 같은 풀과 나무들이 제공하는 은혜란 그 무엇으로도 대체할 수 없는 소중한 생명의 젖줄이다. 이러한 것들의 고마움을 까마득히 잊고 살았다.

그 숲에서 살고 있는 작은 벌레와 곤충, 그것보다 조금 더 큰 다른 생명체들의 먹이사슬. 이 연결고리의 어느 중간쯤에서 기다리고 있다가 그들이 조건 없이 내미는 먹거리를 고맙게 받아먹고 사는 것이 우리 인간 군상이다. 굳이 불교의 연기론적 생명 윤리관을 말하지 않아도 이 세상에는 어느 것 하나 홀로 존재할 수 없다.

어느 누구의 도움 없이 저 혼자 완전히 독립된 생명을 연명해 간다는 것은 확언하건데 거의 불가능하다. 교만한 인간의 입장에서 본다면 하찮은 잡풀 한 포기가 그렇게 대단하냐고 반문할 것이다. 그러나 그 하찮은 아주 작은 몸짓들이 생명의 단초이고 생명체의 시원(始原)이다.

"이 지구상에 꿀벌이 완전히 멸종된 후 4년이 지나면 인간도 따라서 멸종할 수 있다."는 모 과학지의 지적을 인간은 거의 무시하고 산다. 사람들은 어떠한 무엇이 우리 목을 서서히 조이고 있는지 느끼지 못하는 무감각한 상태에 있다.

모든 생명의 중요한 열쇠를 틀어쥐고 있는 고마운 산과 들 그리고 강물과 숲이 무서운 표정으로 노려보고 있다. 개발이라는 미명 아래 끝없이 짓밟고 상채기 내고 훼손하며 온갖 쓰레기들을 다 내다 버린 결과다.

우리나라도 마침내 안전한 식수를 확보할 수 없는 물이 부족한 국가, 다시 말하면 비싼 돈을 들여 물을 외국으로부터 수입해 오는 국가가 되어가고 있다. 단순한 물뿐만이 아니다. 인간의 거침없는 탐욕은 생태계가 요구하는 최소한의 양심마저 저버리고 있다. 자신이 발 디디고 사는 여기 이 자리, 눈에 들어오는 모든 사물들은 전부 우리에게 없어서는 안될 간절한 은혜임을 지금 자각한다 해도 늦지는 않을 것이다.

오늘의 건강하고 행복한 나 그리고 나의 가족, 더 나아가 인류가 지속적으로 풍요롭게 살기 위해서는 자연보호에 관한 새로운 매뉴얼을 내놓아야 한다. 구체적이고 적극적이며 실천적인 지구 환경의 개선안이 담긴 매뉴얼이 필요하다.

지금까지의 형식이나 구호에만 그친 환경 운동은 이미 그 효력을 상실하였다. 이제부터라도 불안하지 않은 인류의 미래를 우리 손으로 재건해야 한다. 인간은 자연 앞에 한없이 겸손하고 또 겸손해져야 한다. 생명 있는 것이든 아니면 생명 없는 것이든 이 세상 그 무엇과 만나더라도 차별하거나 구별 짓지 말아야 한다.

'너는 나를 위해, 나는 너를 위해 서로 소중한 인연이 되어 상생하며 사세나.' 이렇게 마음속으로 거듭 다짐하며 자연친화적 삶을 지향해야 할 것이다. 굳이 그린 에너지다, 그린 마인드다 떠들 필요는 없다. 동·서·남·북·중앙 어디에 있는 것이든, 생명이 있는 것이든 없는 것이든 그들이 안심하고 살아갈 수 있도록 보살펴주고 돌보아 주는 본래부터 아름다웠던 인간성을 회복하여 지혜 있는 자가 되자.

그동안 알게 모르게 어리석고 캄캄한 밤을 걸어 왔던 어제를 청산하자. 밝고 맑고 즐거운 날을 향유하는 나날을 우리 손으로 만들자.

오방내외안위제신진언 五方內外 安慰諸神眞言
「나무 사만다 못다남 옴 도로도로 지미 사바하」

동서남북 중앙을 둘러보며
생명있는 것이든 생명 없는 것이든
그들이 잘 지내는지 돌아보게 하소서.

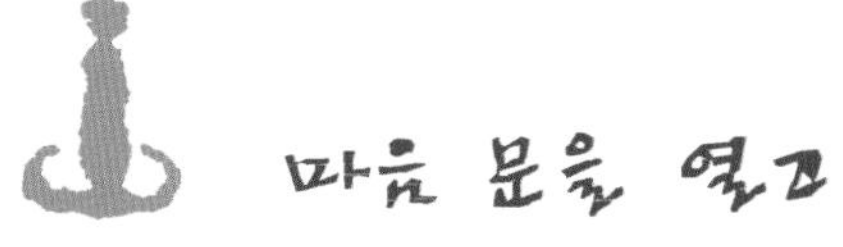

나는 가끔씩 시간 날 때마다 목적지를 정하지 않고 길을 나설 때가 있다. 카메라 하나만 둘러메고 무작정 길을 나선다. 그렇게 가다가 생각지도 않았던 정경들이 눈에 들어오면 그곳의 아름다운 풍경들을 카메라에 담느라 시간 가는 줄 모르게 된다. 그리고는 마침내 그곳이 나의 목적지가 되기도 한다.

그렇다고 사진을 잘 찍는 프로 사진가는 아니다. 겨우 아마추어 수준이지만 사진 찍는 것을 좋아 할 뿐이다. 카메라와 인연을 맺은 것은 아주 오래되었다.

범어사에서 잠시 수행하던 한 때의 일이다. 그 당시 범어사에는 우리나라에서도 몇 번째 꼽히는 사진작가 관조 스님이 주석하고 계셨다. 대개 연조(年條)가 깊은 프로 사진작가라도 개인전을 15회 이상 개최하는 사람은 그리 흔하지 않다.

지금은 고인이 되셨지만 관조 스님께서는 스님들 가운데 사진 분야에서는 독보적 위치에 있었던 분이다. 관조 스님이 카메라를 가지고 사찰 전경을 촬영할 때 가끔씩 뒤따라 다니며 어깨 너머로 배운 똑딱이 카메라 지식이 전부다.

얼마쯤 시간이 흐른 뒤에 지인의 도움으로 구하게 된 구형 카메라 한 대가 새로운 취미생활의 시작이었다. 그 후 이따끔 여가가 날 때마다 카메라 여행을 다니는 호사를 누리게 된 것 같다.

사진을 찍는 순간만큼은 누구의 방해도 받고 싶지 않다. 피사체와 첫 만남에서 물체와의 대화는 말할 수 없이 가슴 설렌다. 오직 어느 각도에서 어떻게 하면 최상의 핀을 맞추고 조리개 값을 정하고 얼마 만큼의 셔터 속도를 정해야만 적당한 빛을 끌어 들일 수 있을지 그것만 생각한다.

카메라란 빛이 그려내는 그림이기 때문에 빛에 관한 테크닉이나 트릭이 얼마나 중요한지 모른다. 원근의 거리를 용이하게 할 수 있는 꽤 성능 좋은 줌 렌즈가 필요할 때도 있지만 그렇게 완전한 장비를 갖추기에는 너무 많은 돈이 필요하다.

그와 같은 전문성을 요하는 장비란 어설픈 아마추어에게 있어서는 사치고 욕심이다. 비록 충분한 장비가 없더라도 사진을 찍는 그 순간이 행복하면 그만이다. 모든 잡념을 뒤로 하고 내가 담고 싶은 그림을 마음속에 그리며 접근해 가면 피사체는 "더도 말고 덜도 말고 꼭 내가 보여 주고 싶은 만큼만 보여 줄게."하고 나에게 속삭인다.

그리고는 한 치의 여지도 없다. 내 노력과 수준에 딱 맞는 그림을 제공해 준다. 때로는 생각지도 않은 의외의 매우 만족스러운 그림을 얻을 때도 있다. 그때의 기쁨이란 수행자가 카메라나 들고 다니면서 쓸데없이 겉멋을 부린다고 호되게 야단치실 어른 스님들에 대한 걱정까지도 모두 날려 보낸다.

출사가 마냥 즐거운 일만 있는 것은 아니다. 때로는 좋은 그림을 찾아보겠다고 하루 종일 추위에 떨며 헤매고 기다리다가 찍은 사진이 기대했던 결과에 미치지 못하는 처참하고 형편없는 엉터리 그림으로 표출될 때도 있다. 초점도 정확하게 맞지 않고 흔들흔들 비틀거리며 술 취한 사람이 찍은 것 같은 사진이 나올 때는 여간 속상한 게 아니다. 매번 좋은 그림을 기대할 수는 없다.

그런데 카메라만 들었다 하면 턱없이 욕심을 부리는 철없는 사람이 되기도 한다. 내게 있어 촬영 여행은 다른 어떤 일을 할 때보다 재미있고 즐거운 시간이다. 또 크게 경제적 부담이 가지 않는 취미 생활이며 한참을 걸어야 하는 운동이기 때문에 건강을 유지하는 나만의 비결이기도 하다.

그래도 '과유불급(過猶不及)'이라. 사진 찍는 일이 본래 직업이 아닌 다음에야 지나치게 몰입되는 것을 스스로 자제하기 위해 애쓰고 있다. 촬영 여행의 길을 나서다 보면 예전과 똑같은 장소일지라도 봄, 여름, 가을, 겨울 또는 일출과 일몰의 시간대에 따라서 전혀 다른 표정으로 나를 유혹한다.

비오는 가을 풍경, 눈 오는 겨울 숲, 안개 자욱한 호수의 아침 등 구태여 카메라가 아니어도 우리들 눈에 담을 수 있는 자연이 선물하는 아름다운 장면들은 얼마든지 있다. 다만 그것을 볼 수 있는 마음의 문이 닫혀 있거나 아름다운 자연조차도 돌아볼 시간이 없는 무미건조한 생활이 스스로를 지치게 하는 것은 아닐까 싶다.

몇 천 분의 일의 셔터 속도로 잡아놓은 순간의 정지 화면은 다시는 만날 수 없는 순간이다. 겨울 어느 날 해거름이 내려앉은 바로 여기 이 장소에서 몇 시 몇 분 몇 초에 자연이 연출하고 빛이 그려낸 이 한 장의 그림은 그 순간이 지나고 나면 다시는 똑 같은 장면을 볼 수도 만날 수도 없는 것이다.

우리네 삶도 어떻게 보면 수많은 인연들과 매순간을 스치고 지나가기도 하고 또 만나기도 한다. 그렇게 만나는 사람 사람마다 똑 같지는 않다. 뿐만 아니라 때로는 나의 마음이 담긴 진정성에 비례하여 전혀 예기치 않은 다른 표정을 만나는 경험도 할 수 있다.

누구를 만나든 우선 적당한 관계 설정과 그 관계의 지속성 유무에 따라 손익을 계산하기도 하고 때에 따라서는 수단이 목적을 훼손하는 인연을 맺기도 한다. 극히 일부이기는 하지만 심지어 세상에 둘도 없는 혈연 관계마저 극단적 패륜적 악연으로 이어지기도 하고, 비도덕적이고 비윤리적인 결과를 남기는 경우도 더러 있다. 태어나서 지금까지 자신과 만난 모든 인연 관계들은 정말 귀중한 만남이다.

버스를 타고 가다가 갑자기 고통을 호소하며 쓰러지는 돌발적 상황이 발생했다고 가정해 보자. 이런 경우 멀리 떨어진 나의 가족들이 특별한 재주가 없는 한 즉시 달려와서 나를 부축하고 보호해 줄 수는 없다.

비록 오늘 처음 만난 생면부지의 사람이지만 바로 지금 이 순간 내 옆자리에 앉은 이 사람만이 나를 구해줄 수 있는 유일한 구원자다. 이 순간 내 앞에 서 있든 앉아 있든 대화를 하든 안 하든 그것이 문제 될 게 없다. 지금 이 사람과의 만남이 가장 소중한 인연이라는 사실을 깨달아야 한다.

이제 이렇게 어려운 만남을 이루었으니 가능하다면 당신과 나는 운명공동체의 인드라망 세계에 살고 있음을 인식하자. 우연이란 결코 있을 수가 없다. 무엇 하나 소홀함 없이 서로를 위해 살아야 할 이유가 충분하다. 또한 서로를 너그럽게 포용하고 용서하고 추호의 다툼 없이 함께 나누는 삶이어야 한다.

불특정 다수 누구를 만나도 좋다. 차별 없고 가감 없이 상대를 존중하고 이해하려는 노력이 가장 고귀한 인류애다. 한 동네 한 아파트 같은 층에 살면서 비좁은 엘리베이터 안에서 함께 동승한 이웃들을 빈번이 만난다. 하지만 매번 만날 때마다 그 잘난 턱을 높이 추켜 세우고 상대방의 얼굴을 빤히 쳐다보면서도 눈인사도 안 한다. 눈인사는 그만두고라도 서로에게 경계심을 풀지 않은 매서운 옆 눈초리만 나누는 것이 정상적인 이웃 관계는 아닐 것이다.

상상하기도 끔찍하지만 그 당장 엘리베이터 안에 괴한이 침입해서 난동이라도 부린다면 당신의 든든한 보호자는 누구일까? 바로 당신이 몇 초 전에 아무 상관 관계가 없는 것처럼 멀뚱멀뚱 바라보고 서 있던 당신의 이웃이라는 사실을 잊지 말아야 할 것이다.

좋든 싫든 만나는 사람마다 내게는 없어서는 안 될 귀중한 인연임을 거듭 마음에 새겨야 한다. 카메라의 찰나적 장면처럼 10세 때 나와 30세 때 나의 모습을 한번쯤 그려보자. 달라도 완전히 다르다.

이와 같이 무상하게 변하는 사람의 한평생은 자신을 중심으로 만나는 수많은 인연들로 채워진다. 그가 나의 행운의 단초일 수도 있고 희망의 열쇠일 수도 있다. 그렇게 소중하고 귀한 나의 인연들을 아무렇게나 함부로 박대하고 있는 건 아닌지 반성해 볼 일이다. 혹 내 눈앞의 행운을 소홀하게 지나치고 있지는 않은지 다시 한번 살펴볼 일이다. 놓치고 난 뒤에 후회하는 어리석고 바보 같은 인생을 살아서야 되겠는가.

오늘 내가 누구를 만나든 그가 잘난 사람이든 못난 사람이든, 좀 있는 사람이든 없는 사람이든 마음 안에 어설픈 선입견 같은 것은 두지 말자. 누구를 만나든 그 순간만은 최선을 다해야 한다. 맑고 밝은 미소와 거짓 없이 투명한 진실을 담아 상대에게 건넨다면 얼음처럼 차갑고 힘든 관계 라도 마침내 나의 따뜻한 마음은 상대를 향해 훈풍으로 전달되어 따듯하 게 녹아내릴 것이다. 오늘 만난 이 사람과 또 다시 백 천만 번 거듭 만나 야할 인연들임을 명심하자.

그러면 행복한 관계를 더 많이 더 넓게 자꾸만 만들어갈 수 있다. 부처 님의 가르침도 이와 같다. 사람과 사람이 좋은 인연으로 만나게 되는 깊 고 오묘한 이치를 오늘 비로소 알아차리게 되었다는 말이다. 부처님의 진실한 말씀 가운데 살게 되기를 간절히 기도한다.

開經偈 개경게

무상심심미묘법　백천만겁난조우
無常甚深微妙法　百千萬劫難遭遇
아금문견득수지　원해여래진실의
我今聞見得受持　願解如來眞實義

당신과 내가 만나는 지금 이 순간은 더없이 소중하고
깊이를 알 수 없는 미묘한 인연이다.
천만 번을 다시 태어나고 또 태어나도
오늘 우리의 만남은 참으로 귀하고 귀한 인연이다.

지극한 마음 다하여 당신의 크신 사랑 앞에 머리 숙이고,
당신의 거룩하신 이름을 외우옵니다.
당신의 자비하신 마음과 사랑의 힘은
아름답고 넓기만 합니다.

제 2 장
비우고 또 비워라

봄꽃의 미소처럼

자비의 어머니

마음을 주는 손

비우고 또 비워라

길을 떠나며

생명의 비

작은 것에 만족하라

봄꽃의 미소처럼

　　　겨울 새벽에 일어나 아침 도량송 목탁을 칠 때면 겨우살이가 힘겹다는 생각을 하게 된다. 부처님께 올리는 다기 물은 주전자에 담기도 전에 얼어버린다. 손발 시린 것이야 참아줄 수 있는데 입이 얼어서 염불소리가 제대로 안 나오는 지독한 추위는 여간 고통스러운 게 아니다.

　기도가 끝나고 방 안에 들어오면 어제 저녁 나절에 피웠던 군불의 온기는 간 데 없고 방에서 냉기가 흐른다. 방이 오히려 사람의 체온을 도둑질해 가는 것만 같다. 시린 손을 입에 대고 호호 불면서 책상머리에 앉으면 얼마나 추운지 머리가 띵하다.

　그렇게 혹독하던 겨울의 끝자락이 아주 천천히 봄 햇살의 부드러운 미소에 등 떠밀려 저만치 가고 있다. 겨울의 얄미운 뒤태를 제일 먼저 보게 되는 꽃은 희망의 봄소식을 머리에 이고 온다. 그 꽃의 이름은 매화와 복수초다. 차가운 얼음장 밑에서 내밀하게 봄을 준비하는 꽃이다. 다른 이름은 아도니스라고도 하고, 티벳에서는 노드바라고 하는 꽃이다.

그 다음 봄 꽃은 4월쯤 시작되는 개나리(꽃말 : 희망)부터 목련(꽃말 : 고귀함), 국화과 식물인 민들레(꽃말 : 행복), 진달래(꽃말 : 청렴), 철쭉(꽃말: 사랑의 희열), 벚꽃(꽃말 : 순결), 유채꽃(꽃말 : 쾌활)까지 봄 처녀의 환한 미소는 거침없이 시작된다.

이 희망의 계절, 봄을 가장 아름답고 활기 넘치게 표현한 사람은 오스트리아 음악가 요한 스트라우스 1세, 2세, 3세다. 그들은 손자 대에 이르기까지 400여 곡을 작곡한 대단한 음악가 집안이다. 특히 그들의 음악 중에서 마치 봄날 산과 들에서 꽃이 피고 새들이 지저귀는 듯한 '봄의 소리 왈츠'는 경쾌한 4분의 3박자 무곡이다.

나는 요한스트라우스의 '봄의 소리 왈츠'를 이제 막 꽃 몽우리를 품은 수줍은 벚꽃들과 함께 듣는다. 언젠가 영화에서 본 듯한 유럽풍의 사교 무대에서 춤을 추는 멋진 사내들의 모습을 마음속으로 혼자서 흉내내며 멋쩍은 봄날 오후를 보낸다.

꽃이란 인간에게 있어서 정서적으로 아름다운 심성을 가지게 하고 그 향기 또한 평온과 행복감을 선물한다. 꽃의 화려한 색채보다 그 향기를 즐기려는 사람들은 쟈스민, 또는 야래향, 로즈마리, 라벤다 같은 꽃들을 즐겨 찾기도 한다. 향기도 중요하지만 꽃은 미소가 있어야 한다.

아무리 빼어난 미모를 가진 여인이라도 미소가 없는 찡그린 얼굴은 아름답다고 말할 수 없다. 그냥 예쁘다 정도의 점수를 줄 뿐이다. 미소가 없는 얼굴은 상가 진열대에 우두커니 버티고 서 있는 마네킹과 다를 게 없다. 오히려 표정 없는 마네킹이 사람보다 더 예쁠 수도 있다.

우리는 고착화된 표정보다 행복한 웃음이 저절로 번지는 얼굴이 되도록 안면 근육을 억지로라도 발달시켜야 한다. 얼굴 표정은 그 사람의 감정을 잘 나타내는 모니터 화면과 같다. 마음 한 켠에 속상한 일이 쌓여 있어도 우선은 상대에게 미소를 건네는 일만큼 중요한 일이 없다.

처음 보는 인상이 무표정하다면 상대에 대한 무례일 수도 있다. 얼굴에 미소를 표현하는 것은 곧 마음의 문을 여는 것이다. 반대로 오만상의 일그러진 얼굴 표정은 마음의 문을 꼭 닫고 있으니 들어올 생각을 말아달라는 신호와 같다. 마음 문을 여는 일이 왜 그렇게 중요한지는 두말할 필요가 없다. 우리들 마음 안에는 무엇이든 다 들어있기 때문이다.

그 안을 들여다보면 거룩한 종교적 믿음과 박애 정신도 있고 아름다운 사랑도 있고 미움과 질투도 있다. 마음은 보물창고이기도 하지만 때로는 전혀 쓸모없는 쓰레기 창고이기도 하다. 마음의 문은 조건 없이 열어야 하는 문이다. 마음을 열지 않고 닫아두는 인생은 답답한 인생이며, 누구보다 불행한 인생이다. 행복이 들어오는 문도 마음의 문이요, 불행을 초대하는 문도 마음의 문이다.

만면에 화색이 도는 웃는 얼굴을 가진 사람치고 불행한 사람은 없다. 찡그린 얼굴을 가지고 복 받는 사람을 보지 못했다. '소문만복래(笑門萬福來)'라 하지 않는가. 웃는 얼굴에 만 가지 복이 저절로 굴러 들어온다고 했다. 필요하다면 바보처럼 웃어라. 티 하나 없이 맑게 웃는 사람의 집에 부처님의 방문이 있을 것으로 확신한다.

개법장진언　開法藏眞言
「옴 아라남 아라다」

마음의 문을 열고 부처님의 방문을 맞이하라.

자벌의 어머니

　　요즈음 태어난 젊은 사람들에게는 전혀 이해되지 않는 이야기지만 50년대 시골에서 태어난 우리들은 흔히들 출생신고를 한두 해 정도 늦추어 하는 것이 다반사였다. 심지어 어떤 집 아이들은 열두 살을 넘겨서 초등학교 1학년에 취학하는 경우도 있었다. 의료 혜택을 전혀 받을 수 없는 오지마을 사람들의 생각은 단순했다. 아이가 태어난 후 질병과의 싸움에서 얼마나 강한 면역력을 가지고 견디어 내느냐가 출생신고의 관건이었다.

　　아이가 잔병치례를 잘 극복하고 무던히 자라줄 것인지의 확신이 서지 않았기 때문에 쉽사리 출생신고를 하지 못했던 것이다. 만약 병약한 아이가 곧 잘못되기라도 한다면 출생신고 다음 해에 바로 사망신고를 해야 하는 번거로운 일이 벌어지기도 했다.

　　참으로 원시적인 소아 질병 대처 방법이 아닐 수 없다. 지금처럼 편리한 교통 수단을 이용해서 어디든 바로 도회지 병원을 찾을 수 있는 형편도 아니었다. 게다가 질 좋은 의료 서비스를 받을 수 있는 여건은 더욱 아니었다. 가난했던 시절의 옛사람들은 선택의 여지가 없었다. 자식의 절박한 생명을 두고 운명적 체념에 맡길 수밖에 없었던 서글픈 역사였다.

그것은 동물들이 제 어린 새끼가 자연에 잘 적응하는지 높은 절벽에서 휙 밀쳐서 떨어뜨린 뒤 살아남는 새끼를 거두어들이는 시험을 하는 것과 별반 다를 게 없다. 의료 혜택이나 의료 지원 환경이 열악한 아프리카 같은 일부 가난한 나라의 모습이 우리네 60년 전의 상황이라고 이해하면 좋을 것이다.

필자 역시 한 살 늦게 호적에 올려졌다. 어려서부터 유난히 잔병치레가 많은 천성적으로 병약한 아이로 태어났다. 얼마 살지 못할 생명이라 여길 만큼 늘 위태위태한 아이였다. 심지어 영양 부족으로 인해 세 살이 된 아이가 걸음마를 떼어 놓지 못할 만큼 부실했다.

지금 생각하니 얼마나 부모님의 마음을 졸이고 애태우게 한 아이였는지 이해가 된다. 특히 조금만 신경을 쓰지 않으면 몸이 뒤틀리는 뇌성마비 증상을 보이는 아이를 안고 어쩔 줄 몰라 하셨던 나의 어머니는 얼마나 놀란 가슴을 쓸어내리며 고통스러워 하셨을까. 자식이 아니라 고통덩어리였을 것이라 생각하니 한없이 죄스럽고 송구한 마음뿐이다.

그렇게 부모님의 걱정 속에 성장한 아들인데 또 스님이 되겠다고 집을 나와서 출가를 결행하니 부모님의 마음이 어떠했을까. 부모님께서 기대하는 훈훈한 가족들과 평범한 삶을 살만한 복을 짓거나 인연을 만들지 못한 것 같다. 어려서는 병을 앓는 시간으로 어머님의 속을 태우고 성장해서는 난데없이 산으로 가겠다는 고집으로 어머니 가슴에 못을 박았다. 세상에 둘도 없는 불효 자식 순위의 최상 등급을 정해도 억울할 게 없다.

이렇게 고비 때마다 만행을 저질러서 부모님의 가슴을 아프게 한 죄 많은 나의 참회는 끝이 없다. 그래서 더 죽을 힘을 다해 걸어온 나의 수행일기 역시 돌아보면 볼수록 한없이 초라하다.

철들어서 남의 이야기는 제대로 알 수 없으니 나의 이야기를 쓰면서 어머니의 자비한 마음이 곧 관세음보살님 마음과 한 치도 다르지 않음을 깨닫는다. 자비로운 관세음보살님의 모습과 우리들의 영원한 채권자인 어머님의 자애로운 모습이 겹쳐지는 데는 다 까닭이 있다. 사람들이 하나 같이 쓸모없는 인간이라고 손가락질하고 저주하는 극악 무도한 범죄를 저지른 자식이거나 완전히 지능이 떨어지는 저능아 자식일지라도 어머니 앞에서 만큼은 세상에 둘도 없이 귀하고 소중한 자식이 된다.

그래서 고슴도치도 제 자식은 예쁘고 귀엽다고 하지 않던가. 또 남들 앞에 가서는 입도 떼지 못하는 숙맥 같은 사람도 자기 어머니 앞에서는 목소리 높여 반말 짓거리도 대수롭지 않게 하는 게 대부분의 모습이다.

하지만 그 같은 모자라고 무례한 행동도 예쁘게만 받아들이는 분이 우리들의 어머니이다. 바로 관음보살의 모습인 것이다.

흔히 관세음보살을 '대자대비 관세음보살'이라고 명호(名號)를 외우는데 자비(慈悲)란 낱말은 사랑이라는 말로 크게 나누어 두 가지 뜻을 함축하고 있다. '자(慈)'의 사랑은 어머니 말씀도 잘 듣고 행동거지도 올바르고 어머니의 뜻을 전혀 거스르지 않고 예쁜 짓만 골라가며 하는 자식에 대한 나무랄 데가 없는 사랑이다.

문제는 '비(悲)'의 사랑이다. 비는 '슬플 비'다. 슬픈 사랑이란 도대체 무슨 뜻일까. 언뜻 이해하기 힘들 것이다. 성경 말씀(마태복음 18장 12절)에도 있다. 예수님의 사랑은 "아흔 아홉 마리의 양보다 집을 뛰쳐나간 한 마리의 못된 양을 더 불쌍하게 여기며 찾게 된다."고 한다.

그렇다. 못나디 못난 놈을 더 사랑하는 이 사랑이야 말로 참으로 깊고 높고 거룩한 사랑이다. 지독하게 제 부모 속을 썩이고 온갖 못된 짓을 골라가며 하는 형편없는 사고뭉치 불량한 인간을 사랑하는 일이 바로 '비'의 사랑이다. 남들은 쓰레기처럼 취급하고 함부로 버려도 그 버려진 자식을 오히려 더 애처롭고 불쌍하게 여기는 것이다.

이 엉터리 같은 자식을 긍휼히 여기고 측은히 안아주는 사람은 하늘 아래 오직 한 분, 우리의 어머님들 뿐이다. 우리 어머니의 자애로움과 똑

같이 대자대비한 관세음보살님도 이 땅에 있는 모든 생명들이 호소하는 고통과 괴로운 신음 소리 또는 즐겁고 행복하며 기쁜 소리를 귀로 듣지 않고 마음의 눈으로 지그시 바라보신다.

이를 일러 관세음(觀世音)이라 하는데 곧 소리를 보다, 또는 원통(圓通)이라고 한다. 원통이란 막힘이 없으며 걸림이 없고 조건도 이유도 없이 내 뜻을 전할 수 있고 내려받을 수 있다는 말이다. 원하는 것이면 무엇이든 찾아가 들어주는 천 개의 손과 천 개의 눈을 가진 보살님이 바로 자비 원력의 관세음보살님이다.

대자대비 관세음보살(大慈大悲 觀世音菩薩)을 이해하기 쉽게 풀어 보면 '크고 넓기가 한량없어 오직 사랑으로 충만하고 세상의 소리를 사랑의 눈으로 바라보며 그들의 소원하는 바를 이루게 하고 중생들의 아픔을 보호하고 살펴주시는 님'이라는 뜻을 담고 있다. 다른 표현으로는 '원력홍심 대자대비 구고구난 천수천안관세음보살(願力弘心 大慈大悲 救苦救難 千手千眼觀世音菩薩)'이라고도 한다.

이것은 곧 한없이 넓고 크신 마음을 열어 자비하신 천 개의 손과 천 개의 마음의 눈으로 중생들의 고통을 이해하고 지극히 어려운 상황을 극복하게 해 주는 관세음보살님이라는 뜻이다. 또 중생의 상처 난 마음을 하나하나 자상히 살펴 위로해 주는 분이라는 뜻이기도 하다. 꼭 숫자적으로 천 개를 논할 수 있겠는가. 수만 개, 수억 개도 넘는 손으로 살펴주는 님을 곧 관세음보살님이라고 부른다.

관세음보살님을 하늘에서 갑자기 구름 타고 내려오는 신화 속 인물로 각색해서 신비주의에 기대는 것은 어리석은 짓이다. 멀리서 찾지 않아도 바로 내 눈앞에 계신 우리 어머니, 그분들이 바로 관세음보살님이다.

어릴 적 키워주신 어머니의 손부터 열거해 보자. 코흘리개를 씻겨 주고 입혀 주고 배불리 먹여서 자장가 불러서 재워주신 정성스러운 당신의 손과 눈은 벌써 몇 개인지 모른다. 또한 일생 동안 어머니의 손을 빌려서 누린 행복한 순간들은 그 얼마인가. 우리들의 어머니 외에도 저마다 그 같은 은혜를 베풀어 주신 분들이 어디 하나 둘뿐이겠는가. 가깝게는 어려울 때 도움을 주었던 형제들, 신세진 동무들, 은사님들 등 다 헤아릴 수조차 없다.

세상에서 대가 없이 거저 받아먹으려는 도둑 심보를 가진 사람도 있다. 인생의 부채를 청산하기 위한 방법은 내가 관세음보살이 되어 전면에 나서야 한다. 그동안 받은 엄청난 은혜를 탕감 받고 정산하기 위해서는 당연히 채무자의 의무와 책임을 다해야 한다.

아침 저녁으로 만나면 인사하고 내가 너무나 잘 아는 인심 좋고 친절한 과일가게 아저씨라도 돈 한 푼 지불하지 않고 사과 하나를 덥석 집어 간다면 도둑 취급할 것이다. 받은 만큼 값을 지불하는 것이 보편타당한 사회 생활의 상식이다.

누구를 만나도 누가 불러도 가리지 않고 달려가 가진 만큼 베푸는 삶이 곧 관세음보살님이 간 길을 따라가는 것이며 은혜를 갚는 일이다. 물질이면 물질, 기술이면 기술, 육체적 노동이면 노동까지도 나누어야 한다. 비록 현실적으로는 고단한 삶일지라도 인생을 풍요롭게 채워 줄 다른 대체 수단은 없다.

관음보살과 같은 바로 이 길을 모방하고 비슷하게라도 흉내내며 따라가야만 한다. 그것이 바로 우리가 행복한 곳으로 가는 지름길이기 때문이다. 전기 작가 데이비드 쉰부른은 "사랑을 베풀지 못한 사람은 진정한 사랑을 받을 가능성도 매우 희박하다."고 말했다. 새겨둘 만한 말이다.

천수천안관자재보살　千手千眼觀自在菩薩

천개의 손
천개의 눈을 가진
관세음보살님을 닮아라.

마음을 주는 손

　　1910년, 그러니까 지금으로부터 꼭 100년 전에 일이다. 알바니아 어느 작은 마을에는 가난하지만 착한 마음씨를 가진 노동자가 살았다. 그 가정에 어여쁜 여자 아이 한 명이 태어났다. 그 아이는 점점 자라서 소녀가 되었다. 소녀는 얼마 후 수녀님이 되었다. 아주 작은 체구에 얼굴에는 늘 인자한 미소를 잃지 않았던 수녀님이 된 것이다. 1997년 그해 가을 87년의 생을 마감하고 우리 곁을 떠나간 아름다운 영웅, 그분은 바로 테레사 수녀님이다.

　　테레사 수녀님이 인도 땅에 도착한 후 행적을 살펴보자. 1946년에는 교육 환경이 열악한 벵골의 작은 도시 여학교에서 역사학을 가르치는 선생님으로 살았다. 그곳에서 가난과 질병으로 신음하는 사람들의 참혹한 모습을 지켜보아야 했다. 한동안 그들의 가엾은 모습이 마음속을 떠나지 않았다. 저들을 그대로 두고 볼 수 없다는 결론에 이르렀다.

수녀님은 결심을 했다. 얼마 후 수녀원을 나와 간호학을 새롭게 공부하고 캘커타 빈민촌에 가서 의료봉사를 새롭게 시작했다. 죽어가는 사람들의 시신을 손수 치우고 한센병 환자들의 피고름을 닦아주며 아무렇게나 버려진 아이들을 데려다 키우는 사랑의 봉사 활동을 멈추지 않았다.

당신께서는 평소 심장질환을 앓으면서도 더 고통 받고 신음하는 이들을 위해 먼 거리를 마다하지 않고 달려가 그들의 상처를 어루만져 주었다. 테레사 수녀님이 노벨 평화상을 받은 사람이라는 단순한 이유만으로 우리가 관심을 갖는 것은 아니다.

인간이 할 수 있는 마지막 사랑의 전부를 행동으로 보여준 거룩한 인류애는 존경을 넘어서 경외의 마음까지 들게 한다. 아무나 할 수 있고 누구나 흉내 낼 수 있는 일이었다면 부언이 필요하지 않을 것이다. 평범한 사람으로서는 누구도 따라 할 수 없는 위대한 사랑의 손을 가지신 분이 테레사 수녀님이다.

그녀가 남긴 명언 중에 "아플 때까지 사랑하라."는 말은 두고두고 회자되고 있다. 과연 어느 누구가 타인을 위해 아플 때까지 사랑할 수 있을까. 단언하건데 없을 것 같다. 요즈음 사람들은 힘 안 들이고 할 수 있는 말로 하는 사랑은 아주 쉽게 입에 담는다. 정작 그 사랑의 가치를 저울질하고 있는 너와 나의 사랑의 현 주소는 번지수가 틀렸다.

사랑에 관한한 오늘날은 먹구름이 잔뜩 낀 채 앞이 잘 보이질 않는다.

사랑의 정의를 무엇이라고 풀어볼 수 있을까. 한번 생각해 보자.

결론부터 말하자면 사랑은 희생이며 봉사다. 가장 흔한 남녀 간의 사랑 역시 이 범주 안에 들어있다. 남자가 밖에 나가 직장생활 하면서 스트레스를 받고 신경이 날카로운 상태로 집에 들어오면 여자가 좀 애교스럽게 남자의 감정을 다독여 주면 얼마나 좋겠는가. 희망사항이다. 오히려 바락바락 대들며 그런 쥐꼬리만한 월급으로는 못 살겠다고 들고 있던 청소도구나 안 던지면 다행이다.

여자의 경우도 예외는 아닐 것이다. 그럴 때 상대는 피로감이 더욱 엄습할 것이다. 사랑한다면 희생하라. 그리고 봉사하라. 그대 마음을 희생하면 된다. 그대 마음을 봉사하면 된다. 누구에게 해야 할까. 바로 나를 한없이 고통스럽게 하는 아내에게 또는 남편에게 화가 나 있어도 참아주는 것이 희생이다. 상대의 입장이 되어 이해해 주는 테크닉이 봉사다. 달리 거창한 무엇을 만들려고 애쓸 필요가 없다. 그대들이 인내하는 이유는 사랑하기 때문이다.

테레사 수녀님의 희생과 헌신, 봉사 정신을 내가 실천해 보자. 아픈 환자의 피고름은 그만두고 거지처럼 초라한 행색의 사람을 만나도 고약한 냄새를 참아줄 수가 없다. 행여 옷자락이라도 몸에 닿을까 줄행랑치기 바쁘다.

그러나 그녀는 달랐다. 생면부지의 알지도 보지도 못한 사람들, 그것도 예사 사람이 아닌 눈도 코도 썩어서 없어진 문둥병 환자를 상대했다. 그들의 피고름을 닦아주는 아름다운 사랑도 어떻게 보면 참아내는 사랑이라고 할 수 있다. 죽어가는 시체에서 나는 썩은 냄새를 참아야 하고 한센병 환자의 피고름 냄새를 참아야 했다. 가난한 이들의 슬픈 호소를 묵묵히 참아내며 그들을 위해 봉사했다.

그러므로 사랑한다는 것은 참아내는 것이며 참아내는 것은 곧 희생이며 봉사다. 이제부터라도 사랑하는 남녀들이 사랑을 입에 올릴 때는 참아낼 확신이 섰을 때 사랑한다고 말하도록 하자. 기껏 사랑한다고 굳게 약속하고 마침내 결혼까지 했지만 결국 이혼이라는 나쁜 방법을 선택하기도 한다. 그 이유가 무엇일까. 대부분 도저히 더 이상은 참을 수 없기 때문이라고 말한다.

그렇다면 지금까지 사랑한다고 말한 그들의 마음은 너무나 싸구려가 아닌가. 참아내는 법을 배우지 못한 경솔한 사랑의 약속과 결혼은 자신뿐만 아니라 제 삼자에게까지 불행을 안겨 주는 몰염치한 짓이다.

그러므로 진실한 사랑은 곧 참아내겠다는 약속의 언어와 같다. 모두들 진실한 사랑만 하자. 그리하면 스스로도 행복하고 아울러 이웃에게도 행

복한 웃음을 줄 수 있다. 이것이 바로 사랑의 정의이며 '마음을 주는 손'
이라고 말할 수 있을 것이다.

천수천안관자재보살 광대원만 무애대비심 대다라니
千手天眼觀自在菩薩 廣大圓滿 無碍大悲心 大陀羅尼

관세음보살의 자비 공덕은 너무나 넓고 무한하여
막힘이 없고 충만합니다.

비우고 또 비워라

　　한번쯤 다시 참배를 가보고 싶었던 운문사를 향하는 나의 발걸음은 무척이나 가볍다. 꼬불꼬불 고갯길을 넘어서 운문사절 입구에 당도하니 오래전에 왔을 때와는 다르게 깔끔하게 단장되어 있다. 울창하게 자리 잡고 있는 아름드리 소나무 숲이 마치 사열을 받는 병사들이 서 있는 것 같다. 햇볕에 반사되는 소나무들의 푸르름은 언제나 정직과 변함없는 지조의 상징적 이미지를 떠올리게 한다. 사람과 사람이 어우러지는데 꼭 필요한 덕목을 꼽으라면 저 소나무와 같은 한결같은 마음일 것이다.

　운문사를 향해 그렇게 넓지 않은 개울을 따라 가다보면 청량한 물소리가 졸졸졸 들려온다. 작은 양의 물줄기가 모이고 모여서 절 아래 큰 호수를 만들어 놓은 것 같다. 그래서 중간쯤 가다 운문댐의 아름다운 풍경도 덤으로 감상하게 된다.

새삼 이 땅의 산천이 넉넉하고 정겹기만 하다. 댐에 가득 채워진 물을 보면서 엉뚱한 상상도 곁들여진다. 무엇이든 시작은 보잘 것 없이 작고 미약하지만 그것들이 모이고 쌓이면 어떤 형태로든 흔적으로 남는다.

그것이 사업이라도 좋고 아니면 사랑이라도 좋다. 그것도 아니라면 신앙생활도 마찬가지다. 처음부터 차근차근 쌓아가야 한다. 그렇게 굳게 먹은 그 마음이 번거롭거나 다소 힘든 과정이 있다 하더라도 초발심(初發心)이 변치 않는다면 그 일의 절반은 성공했다고 말할 수 있을 것이다.

요즈음 세태에서는 처음과 똑같은 마음으로 끝을 맺는 '유종(有終)의 미(美)'라는 단어를 쉽게 찾아볼 수 없게 된 듯하다. 자기 생각과 약간 다르고 불편하다는 이유로 가차 없이 버리고 책임 회피도 주저하지 않는 비겁한 사회를 본다는 것은 매우 서글픈 일이다.

'지성(至性)이면 감천(感天)'이라는 사자성어가 있다. 어떤 일을 시작함에 있어서 책임감 있게 최선을 다하는 모습, 다시 말해서 지극한 마음으로 혼신을 다한다면 하늘도 스스로 돕는 자를 돕게 되어 있다는 말이다. 그러나 오늘날 직업인들에게 있어서 전문성은 남다르게 뛰어나다 해도 그에 걸맞는 투철한 직업 정신과 사회적 소명 의식은 부족한 게 오늘날의 현실이다.

대다수의 사람들은 자신이 하고 있는 일에 만족하지 않을 뿐만 아니라 자부심이나 자긍심 더 더욱 찾아보기 힘들다. 이는 도심의 거리를 깨끗하게 청소하는 환경미화원, 건설현장에서 일하는 일용 근로자 등 대체로 근무 조건이나 근무 환경이 열악한 곳에서 종사하는 흔히 말하는 3D업종에서 종사하는 사람들일수록 더한 듯하다.

이구동성으로 내뱉는 말은 마지못해 어쩔 수 없어서 목구멍이 포도청 나리처럼 무서워서 현재의 직업을 가지게 되었다고 한다. 당장이라도 더 좋은 일자리만 생긴다면 이직(移職)하고 싶은 마음이 간절한 때가 많다고 토로한다.

그 이유는 첫 번째가 자기의 적성에 맞지도 않고 능률도 오르지 않으며, 두 번째가 뼈가 부스러지도록 일한 만큼의 급여가 보장되지 않으니 늘 불만이라고 한다. 세 번째가 사회적 지위나 가장으로서의 위상이 형편없이 낮게 평가절하된다는 것이다.

아이들에게 즐겨 들려주는 우화 한 토막을 가져와 각색해 보자.

곰 세 마리가 한 집에 살면서 저녁 식사를 준비하려고 했다. 그들은 나란히 식탁에 앉아 의논하기를, "오늘 저녁 메뉴는 맛있는 빵을 구워 먹기로 합시다."하고 의견을 모았다.

빵을 만들기 위해서는 밀가루를 적당량 나누어서 물과 함께 반죽을 해야 했다. 그러자 왼쪽에 앉아 있던 곰이 하는 말, "누가 이 밀가루를 반죽

할 것입니까?”하니 나머지 두 마리 곰은 아무 대답도 하지 않았다. 다시 왼쪽에 앉은 곰이 밀가루를 반죽하고 나서, “누가 이 반죽된 밀가루를 맛있게 구워 주시렵니까?”하니, 역시 마주보고 있던 두 마리 곰은 눈치만 살피며 아무 말도 하지 않았다. 끝내는 왼쪽에 앉아 있던 곰이 저녁 식사를 다 만들어 놓게 되었다.

갓 구운 빵에서는 김이 모락모락 나면서 맛있는 냄새를 풍겼다. 처음부터 끝까지 밀가루로 빵을 만들어 낸 곰이 말하기를, “누가 이 빵을 먹을 것입니까?”하니 염치없게도 나머지 두 마리 곰은 서로 먹겠다고 손을 번쩍 드는 것이었다.

이 우화에서처럼 우리는 빵은 만들고 싶지도 않고 만들 생각조차 없다. 잘 구워진 빵을 아무런 수고로움이나 대가도 지불하지 않고 그냥 먹을 수 있기를 바랄 뿐이다.

그동안의 힘들고 어려운 과정은 보고 싶지도 듣고 싶지도 않다는 얌체 같은 마음이 밑바닥에 깔려 있는 것이다. 대충 대충 생략하고 결과물만 오롯이 손에 들어오면 된다는 사행성 심리나 요행수를 바라는 어리석은 사람들이 이 사회에는 많다는 것을 반증한다. 창피한 일이기는 하지만 감출 수 없는 오늘날 우리들의 모습이 아닐까.

누군가 말하기를 공짜처럼 비싼 물건은 없다고 했다. 대명천지의 밝은 세상에 누가 아무런 까닭도 없이 공짜를 주겠는가. 어림도 없는 일이다. 특히 신앙을 가지고 종교 생활을 하는 사람들에게는 자신이 믿는 종교 교리에 상관없이 공짜를 바라서는 안 된다.

인간적 바람이 있어 기도를 한다면 간절한 참회와 뉘우침이 먼저 선행되어야 한다. 의식을 하고 지은 죄든 아니면 피치 못할 사정에 의해서 지은 잘못이든 참회가 있은 연후에라야 비로소 자신의 속내를 털어 놓고 소원을 비는 것이 순서다. 그렇지 않고 더러운 오물로 가득찬 그릇에 무엇을 담아 달라거나 이루게 해 달라고 기도하는 것은 부질없는 시간 낭비다. 소원을 빌건 희망을 빌건 행복을 원하건 말이다.

어리석은 인간들은 아침 저녁으로 부처님 명호(名號)를 부르며 소원을 말한다. 부처님께서는 중생들을 가엽게 여기시고 당장 소원을 들어주려고 하지만 주고 싶은 분의 입장에서 볼 때는 참 한심한 생각이 들 것이다. "저 바보 같은 자가 담을 용기(用器)도 가지고 오지 않고 빈손으로 와서 무엇을 달라고 하니 참 어리석구나."하고 꾸지람을 주실 것이다.

아이가 밥그릇에 밥을 가득 담아가지고 있으면서 그 밥그릇 위에 또 맛있는 아이스크림을 얹어 달라고 보채는 모습과 무엇이 다르겠는가. 지금 기도는 하였지만 얻고자 하는 소원들이 이루어지지 않는 것은 바로 자신의 어리석음 탓임을 명심해야 한다.

기도는 스스로의 마음 안에 소원이 비집고 들어올 공간을 만들어 놓지 못한 자신의 큰 허물을 보는 것에서부터 시작해야 한다. 이대로는 절대 아무것도 이룰 수 없다는 것을 자각해야 한다. 가능하다면 더 많이 참회하고 더 많이 기도하자.

계청 啓請

계수관음대비주　원력홍심상호신
稽首觀音大悲呪　願力弘心相好身
천비장엄보호지　천안광명변관조
千臂莊嚴普護持　千眼光明邊觀照

지극한 마음 다하여 당신의 크신 사랑 앞에 머리 숙이고,
당신의 거룩하신 이름을 외우옵니다.
당신의 자비하신 마음과 사랑의 힘은
아름답고 넓기만 합니다.
천만 중생의 눈과 손발이 되어
뜨거운 사랑의 빛으로 꾸며주시고
만져 주시고 보호해 주시는 당신의 뜻을 새깁니다.

진실어중선밀어　무위심내기비심
眞實語中宣密語　無爲心內起悲心
속령만족제희구　영사멸제제죄업
速令滿足諸希求　永使滅除諸罪業

진실한 당신의 말씀 가운데 사랑이 있습니다.
아무런 조건도 내걸지 않으시고
사랑을 베푸시는 님이시여,
저희들이 구하는 바 모든 것을
만족하게 채워주시는 님이시여,
당신의 이름 앞에 맹세합니다.
지금까지 잘못 살아온 시간들을
진실로 참회하고 또 참회합니다.
이제는 영원히 당신을 흉내내는 삶이라도 살 수 있도록
도와주시고 살펴주시옵소서.

절집에 사는 스님들도 철새처럼 한 철을 살다가는 수행기간이 있다. 조계종 스님들은 일부 주지 소임을 맡은 스님들을 제외하고는 전국에 산재해 있는 선원을 찾아서 여름 한철 3개월 동안 선방(禪房) 생활을 해야 하는 의무가 있다. 이를 하안거(夏安居)라 하고, 겨울 한철 수행하다 그곳 선방을 떠나는 것을 동안거(冬安居)라고 한다.

전통적으로 이 기간 동안은 특별히 병원에 입원해야 할 부득이한 경우를 제외하고는 어떠한 개인적 사정이나 용무가 있다 해도 일체 산문 밖을 나갈 수 없게 되어 있다. 피 끓는 젊은 사람들이 한곳에서 미동도 하지 않고 머문다는 것은 고도의 수련이 필요하다. 상상을 넘는 가혹한 인내가 수반되지 않으면 중도 탈락이다.

큰스님들께 화두(話頭)를 하나 받아들고 그 문제의 답을 스스로 얻기 위해 한평생 씨름하는 수좌(首座: 선방에서 참선만을 공부하는 스님들의 별칭) 생활은 범인의 상상을 초월하는 목숨을 담보로 하는 공부다.

한때 병아리 수좌 시절 선원에서 참선을 한답시고 앉아서 밥충이처럼 밥만 축내던 때의 일이다. 공부를 시작하고 중간쯤인 45일이 지나면 반 철을 났다고 좋아라 하며 제대를 앞둔 군인의 마음처럼 들뜨기도 한다. 나머지 시간을 시, 분, 초를 헤아리며 철없이 수좌 흉내나 내는 시간들이 내게도 있었다. 이때가 가장 힘들다. 어떻게 하면 이 시간이 빨리 지나갈까 하는 그 생각뿐이다.

화두는 온 데 간 데 없고 잡념과 번뇌 망상이 수천 번 냄비 물 끓듯이 끓어오른다. 그러다 보면 머리에는 열이 차 올라서 물집들이 잡히는 상기 투성이가 된다. 좌복에 앉기만 하면 비오듯 쏟아지는 수면(睡眠) 귀신은 잠의 수렁 속으로 끌고 들어간다. 점점 엉터리 수행자의 모습으로 바뀌는 때가 바로 이때다. 오로지 정신력을 한곳에 모아 집중할 수밖에 없다.

외식제연 外息諸緣　내심무천 內心舞腨
심여장벽 心如墙壁　가이입도 可以入道

밖으로는 모든 인연 끊고
안으로는 어느 곳에도 마음을 두지 않게 하며
헐떡이는 마음 다잡아서 성벽과 같이

방비하는 가운데 머물러 있다 보면
마침내 깨달음의 세계로 들어갈 수 있으리라.

이 같은 선사들의 말씀을 새겨서 참선 수행에만 몰두해야 한다. 오로지 정신세계의 건강성을 획득하고 오메가파 알파파 이전의 정신 에너지를 끌어내는 작업에 몰입해야만 한다. 그러한 수행자가 잡생각 번뇌 망상심에 사로잡혀 있다는 것은 있을 수도 없고 있어서도 안 된다.

수행자인 척 탈바가지만 쓰고 앉아서 몸과 마음을 고요히 맑히는 작업을 하는 것처럼 흉내만 내고 있었다. 그때 나의 모습을 상상하면 어처구니 없는 망동이었다.

어서 빨리 빨리 시간만 가기를 기다리며 참선 수행의 3개월이 끝나는 해젯날이 오면 새장에 갇혀 있던 내 영혼의 새를 훨훨 날려 보내리라 망상을 하곤 했다. 해제가 되면 여기도 가고 저기도 좀 들러보고 영화도 한두 편 즐기며 맛있는 것도 좀 사 먹고 그런 상상을 하는 불쌍한 망상도사의 마음은 조급하기만 했다.

번뇌의 불이 일기 시작하면 계획들은 날마다 바뀐다. 드디어 기다리던 3개월의 시간이 끝나는 날이 왔다. 출가자의 양심에 비추어 가장 소중한 시간을 무의미하게 보낸 나날이었다. 값비싼 시줏물을 거저 받아먹으며 탕진해 버린 아무 소득도 얻지 못한 뻔뻔스러운 병아리 수행자 시절 이

야기다. 다시 생각해도 철없는 나의 소행들이 민망스럽고 죄스러울 따름
이다.

테라오프라스토스는 말하기를, '가장 비싼 낭비는 시간 낭비'라고 했
다. 나 역시 바보같이 낭비한 시간은 어디에서도 보상 받을 길이 없을 것
이다. 생사를 넘나드는 정진력으로 푸른 눈을 번뜩이며 공부하던 구참
선배 스님들과 헤어졌다. 그들은 나를 무척이나 아껴 주셨는데 하루아침
에 수좌 스님들과의 작별은 의지처를 잃어버렸다는 의미이기도 해서 가
슴 아팠다.

하늘 아래 철저히 혼자 내동댕이쳐진 느낌으로 걸망 하나 둘러메고 무
작정 길을 나섰다. 오라는 곳은 없어도 갈 데가 그렇게도 많을 것 같았던
내 생각과는 달리 아무 곳에서도 반가이 맞아주고 기다리는 사람은 없었
다. 가는 곳마다 천덕꾸러기를 면치 못했다.

때로는 어느 인심 좋은 절에 가서 하룻밤 유숙을 제공 받을 때도 있었
고, 재수 좋은 날에는 마당이나 잠시 쓸어주고 아침에 나올 때 여비라도
몇 푼 얻어 나오기도 했다. 또 어느 절에서는 문전박대를 당하여 쫓겨날
때도 있었다.

집도 없고 절도 없는 수좌 신세가 처량했다. 너무 고생스러운 나날이
계속되었다. 이런 것이 부처님께서 말씀하신 무소유의 실천행이라면 솔
직히 사양하고 싶을 때도 더러는 있었다. 하던 공부 팽개치고 길을 나서

지 못해 안달하던 마음은 어디론가 휙 도망가 버렸다. 어서 빨리 선방으로 돌아가야겠다는 생각만 간절했다.

세속 생활을 동경하며 이유 없이 배회하는 이 길이 분명 옳은 것이 아니라는 사실을 한참 철든 뒤에야 알게 되었다. 사람들은 처음부터 길을 떠날 때 어디서 누구를 만나 무엇을 할 것인가 목적을 정하고 또 어떤 용건으로 만나겠다는 구체적인 계획을 세운다. 하지만 만나야 할 어떤 무엇인가와의 약속이 틀어지고 소기의 목적했던 일을 이루지 못할 때의 허탈한 절망감은 사람들을 지치게 만들기도 한다.

무작정 길을 나서고 싶어하던 때의 나의 모습이 그러했다. 길이라는 명제와 인연이라는 두 가지 수레바퀴는 상황에 따라 엄청난 다른 결과를 초래한다. 어느 길을 선택해 가서 누구와 어떤 인연으로 만나는가에 따라서 예기치 않은 결과로 나타날 때도 있다.

어느 길을 가느냐에 따라 넓고 편안한 길과 안락한 인연을 만날 수도 있고 좁고 비탈진 길을 고생스럽게 가서 악연을 만나는 경우도 있다. 길을 선택한다면 바닷길도 있고, 시원스럽게 확 트인 고속도로를 비롯해 꼬불꼬불 고갯길, 오밀조밀 골목길, 숲길, 산길, 옆길, 큰길, 샛길, 꽃길, 외길, 빗길, 눈길 등이 있을 것이다. 많고 많은 저 길은 우리네 인생이 걸어가야

할 다양한 모습이기도 하다.

그 길을 누가 걸어가느냐, 누구와 함께 걸어가느냐에 따라 우리의 삶이 다르게 펼쳐질 것이다. 어떤 선구자가 앞서 간 길을 뒤따라 가는 것이 영광스러울 수도 있을 것이고 때에 따라서는 형편 없이 몰락하는 예도 드물지 않다.

누구와 함께 가느냐의 문제도 같은 맥락에서 생각해 볼 수 있다. 내가 좋아하고 사랑하는 사람과 함께 동행하는 길은 다소 좁고 불편한 비탈진 길이라도 행복해 할 수 있다. 그러나 영영 되돌리기에는 너무 힘든 막다른 골목길에서 함께하고 싶지도 않고 가능하다면 피하고 싶은 사람과 만나는 길은 절망적인 일이 될 것이다.

누구라도 길을 나서기 전에 다시 한번 점검해 보자. 이 길을 꼭 가야만 하는 길인지, 꼭 가야할 인연이 담긴 길이라면 주저 없는 결단과 좀 더 과감한 용기를 필요로 한다. 한번 내디딘 길이라면 후회 없는 길이 되어야 한다. 이왕 가는 인생길이라면 뒷사람이 그 길을 바라보며 따라가고 싶은 길을 향해 걸어가기를 바란다.

천룡중성동자호　백천삼매돈훈수
天龍衆聖同慈護　百千三昧頓勳修
수지신시광명당　수지심시신통장
受持身是光明幢　受持心是神通藏

내가 가는 이 길을 하늘나라 선신들이시여,
사랑으로 보호해 주소서.
마침내 백천 가지의 수행 방법을 모두 배우고 익혀서
한 순간에 삼매의 모습으로 태어나게 하소서.
나의 님이 베풀어 주신 신기하고
보배로운 은혜를 감사히 받아 지녀서
마음은 언제나 자유롭게 하고
보잘것없는 이 몸은 님의 사랑의 말씀을
이웃에게 끝없이 전하는
밝고 밝은 빛으로 펄럭이게 하소서.
신비로운 당신의 말씀이
누구라도 차별 없이 받아 가질 수 있고
막힘 없이 소통할 수 있기를 발원하옵니다.

생명의 비

　　아침부터 잔뜩 먹구름을 이고 서 있는 하늘은 한바탕 비를 뿌릴 모양이다. 하루 이틀 미루어 둔 빨래를 해서 널어둔 탓에 비가 오는 것이 그렇게 반갑지만은 않다. 풀빨래는 제때 마르지 않으면 쉰 냄새가 나기 마련인데 괜한 걱정거리가 생겼다.

　이런 성가신 일이 없다면 비오는 날은 마루에 나와 앉아서 빗소리를 들으며 차 한 잔 끓여 마시는 여유가 내게는 또 다른 습관이다. 심술궂은 바람이라도 슬쩍 불면 마루에까지 비가 뿌려지는 낭패를 보기는 하지만 그래도 좋다.

　여름철 내리는 비는 종류에 따라 별명이 붙기도 한다. 굳이 이름을 붙이자면 잠시 햇볕이 났다가 또 비가 오는 변덕스러운 비를 여우비라 한다. 그밖에도 말을 만들기 좋아하는 사람들이 지어낸 말장난에 재미있는 비의 이름이 많다. 어서 가시라고 가랑비, 내리고 그냥 그대로 있으라고 이슬비, 장하다고 장대비, 속았다고 소낙비 등 비와 관련한 이름은 정겹기까지 하다.

옛날에는 그냥 비를 맞아도 우리 몸에 해가 되지 않았다. 요즈음은 공해로 인한 대기권의 오염 때문에 구름이 머금고 있는 산성도가 너무 짙어서 투명한 물방울의 비가 오는 것이 아니다. 약간은 거무스름한 회색 비가 내린다. 어디 그뿐인가. 중국 내 사막지대에서 불어오는 모래바람과 함께 내리는 황사비는 건강을 해칠 수도 있다.

이래저래 비로 인한 걱정이 앞서는 것도 사실이다. 지구의 심각한 기후 변화로 인해 예전에는 볼 수 없었던 새로운 이름을 달고 나온 신종비가 많아졌다. 아무도 눈치 채지 못하게 몰래 나타나서 큰일을 낼 작정으로 퍼붓는 게릴라성 폭우가 그렇다. 한곳을 집중적으로 공략하는 이와 같은 비는 호우(豪雨)에 가깝다.

호우는 기상청에서 주의를 요하는 경계 경보가 발령될 만큼 매우 위험한 비다. 강 주변에 사는 사람들이 물난리를 겪어야 하는 어려움도 비가 우리에게 주는 고통의 일부다. 이런 비는 달갑지가 않다. 게다가 폭풍우는 바람을 거세게 몰고 와서 천지를 한순간에 날려버릴 것 같은 기세다. 폭력적 협박성 폭우를 뇌우(雷雨)라고 한다. 거기에 번개까지 동반하면 사람들은 자연 앞에서 무기력한 초라한 존재로 전락해 버린다.

가지 수도 다 헤아릴 수 없이 많은 별명을 가진 비가 계절마다 이 땅에 내리는데는 다 이유가 있다. 그것이 어떤 성질을 가진 비가 되었든 생명을 기르는 대지의 초청을 받고 찾아온 귀한 손님이다. 인간만이 누리는 특권을 존중하고 인정해서 특별히 사람들이 원하는 만큼 형편과 사정을 봐주며 내리는 비는 없다. 오히려 사람들은 과학의 힘을 빌어 그 비마저도 내리게 하고 아니 내리게 하는 재주를 부리곤 한다.

그렇지만 그 같은 술책은 부릴 게 아니다. 자연의 현상학적 모습을 그대로 유지케 하는 지혜가 필요한 때다. 자연주의에 대한 몰이해는 잔재주에 의존해서 풀 수 있는 문제가 아니다. 그렇게 억지스러운 방법을 동원하기보다는 차라리 시꺼먼 흙갈색 산성비나 붉은색 황토 비가 오지 않도록 연구하는 게 나을 것이다. 빠르게 사막화 되어가는 땅들에 나무를 하나라도 더 심는데 힘쓰는 일이 시급하고 중요한 과제이다.

비를 주제로 이야기하면 부처님의 진리 말씀인 『법화경』의 「약초유품」을 빼놓을 수가 없다. 경전의 내용을 여기서 다 소개할 수는 없으니 대강의 개요만 전한다.

비는 산하대지의 모든 생명들에게 차별 없이 고루 뿌려지지만 그 비를 맞고 움트는 나무와 풀과 모든 생명들은 저마다의 환경과 조건에 따라서 전혀 다른 종류의 생장을 한다. 가령 어떤 나무는 향기가 솔솔 나는 향나무로 크기도 하고, 어떤 나무는 주저리 주저리 먹음직스러운 과일나무로 자라기도 한다. 어떤 풀은 짐승들도 뜯어 먹을 수 없는 고약한 독초로 크기도 하고, 어떤 풀은 죽어가는 목숨을 살리는 귀한 약재로 자라서 살아 있는 모든 생명들에게 이익이 되기도 한다.

아무런 차별도 받지 않고 똑같이 비를 맞고 그 빗물을 자양분으로 성장한 생명들이 성분과 성향에 따라서 나와 남에게 이익이 되기도 하고 남에게 해를 끼치는 백해무익한 생명으로 자라기도 한다.

부처님은 이와 같이 눈에 비치는 중생들의 모습이 다양 다종한 성격과 천차만별의 성향에 따라서 다르다는 것을 말씀하셨다. 그러나 우리들에게 내려주신 부처님의 생명 말씀인 진리의 말씀은 처음과 끝을 똑 같게 하라고 당부하셨다. 다시 말하면 차별이나 구별 짓지 말고 평등한 인생관을 가지라는 말씀이다.

이 세상의 모든 철인이나 성인들이 한결같이 주장하는 것은 다름 아닌 생명 존중의 가치이다. 인류가 구가하는 첨단 물질과 문명이 발달하면 할수록 성숙한 인간미, 즉 인간애(人間愛)가 당당해야만 희망이 있다.

오직 사랑 안에 모든 것이 담길 수 있다. 그 사랑을 받을 상대는 구별 없고 차별이 없어야 한다. 더러운 땅이나 가난한 땅을 가리지 않고 내리는 비와 같이 차별하지 않는 사랑을 인류에게 골고루 전하라는 것이 법화경의 가르침인 것이다.

　그러나 지역에 따라, 기후에 따라 종교가 다르고 태어난 업식의 인연에 끌려서 전혀 엉뚱한 쪽으로 고개를 돌리는 사람들을 보면 사랑을 실현하는 방법의 차이가 너무 다르다는 것을 느끼게 된다. 사탄의 자식이라 일컬으며 소위 자기와 다른 종교를 신봉하는 자들은 모조리 멸망시켜야 한다고 주장하기도 한다. "다른 신을 믿게 하려고 꼬득이는 자가 있다면 사랑하는 아내든 부모 형제든 친구든 반드시 돌로 쳐 죽여라. 그것도 네가 제일 먼저 돌로 쳐라(신명기 16장 6-10)"는 말씀이 하나님의 사랑이라면 두렵다 못해 떨리고 무시무시한 생각이 든다.

　어떤 나라의 별난 종교 신념을 가진 사람들은 폭탄을 몸에 두르고 여러 사람과 함께 죽는 일이 그가 믿는 종교의 최고 가치이고 최선의 순교 방법이라고 주장한다. 그의 죽음은 곧 그가 믿는 신을 기쁘게 하는 일이라고 한다. 어떻게 정상적인 사고를 가진 사람들의 상상으로 가능한 일인가.

　이 세상 그 어떤 무엇으로도 한 사람의 생명과 맞교환이 가능할 만큼 값어치 있는 일은 없다. 설사 그와 같은 행위가 자기 종교를 위한 순교라 해도 마찬가지다. 하나밖에 없는 자기 목숨을 내놓아야 할 충분한 이유나 변명은 되지 못한다. 굳이 생명윤리를 말하지 않더라도 나와 다른 종(種)의 생명일수록 더 사랑하고 더욱 보살펴야 한다.

요즈음 일부 젊은 사람들에 의한 생명 경시 풍조가 사회 문제를 야기시키고 있는 것 같아 씁쓸할 때가 있다. 가끔 뉴스 첫머리에 나오는 불행한 젊은이의 자살 소식은 정말 끔찍하다. 끝내 자신의 목숨마저도 가벼이 여기고 순간적인 자살 충동을 이기지 못하는 어처구니 없는 사건들이 우리를 우울하게 한다.

이제부터라도 자연중심적인 사고와 생명 존중의 무한한 의미가 크게 느껴지는 삶으로 전환하자. 악성(樂聖) 베토벤이 말하기를, "사람은 무엇인가 좋은 일을 할 수 있을 때는 자살하려는 어리석은 마음을 먹지 않는다."라고 했다.

좋은 일이란 무엇일까. 고개를 갸우뚱하게 만든다. 생각해 보면 좋은 일은 누가 가져다 주는 것이 아님을 알아야 한다. 좋은 일이란 스스로 만들어야 한다. 그 해답은 서로가 서로를 사랑하는 일이다. 자연을 사랑하고 동물을 사랑하는 아주 쉽고 간단한 일이다.

세상에 잘난 사람, 못난 사람, 지식이 풍족한 사람, 배우지 못한 사람 가릴 것 없이 사람은 모두 평등한 무게를 갖고 있다. 평등에 대하여 누군가 말하기를, 황새의 긴 다리와 오리의 짧은 다리가 서로 다르지만 그것을 인정하는 것이 평등이라 했다. 어찌하여 같은 생명의 말씀이 듣는 이에 따라 실천하는 사람에 따라서 왜곡되고 그릇 이해되어 남을 해치고 남의 마음을 아프게 하는 흉기로 변질되었는지 알 수 없는 노릇이다.

이처럼 흉폭한 인간성이 종교의 이름으로 자행되고 정당화된다는 것이 안타까울 뿐이다. 그렇게 절망적인 종교의 교리를 신봉하는 사람이 있다면 차라리 종교를 떠나서 무신론자로 사는 것이 더 바람직하지 않을까.

 # 작은 것에 만족하라

이름도 모르는 사람이 갑자기 찾아와서 그럴싸한 명함 한 장을 건네며 자신을 소개할 때가 있다. 도대체 이 사람은 나에게 무엇을 원하고 있는 것일까 하는 경계심을 가지게 된다. 예전에는 이 같은 경계심까지는 가지지 않아도 되었다. 하지만 요즈음은 사찰에도 필요 이상의 친절을 가장한 행상들이 자주 출입하기 때문이다.

물건을 팔러 온 목적은 한참 뒤에나 꺼내 놓고 처음에는 자신도 불교를 믿는 불자라고 소개하면서 동질감을 형성해 보려는 그들의 속보이는 상술이 시작된다. 지루할 정도로 장황한 상품 설명을 듣다보면 슬슬 짜증이 날 때도 있다. 자신이 가져온 상품의 편리성과 기능성의 우수함 등 첨단 센서가 부착된 보기 드문 물건이라며 시중 가격보다 싸게 주겠다는 논조로 설득을 시작한다.

그렇지 않아도 한동안 보지 못한 책 몇 권을 독파하려고 시간을 만들어 두었는데 한나절을 상인의 상품 선전에 다 빼앗겨 버렸다. 어쩌다 그들의 끈질긴 설득에 못 이겨 구입한 물건들이 사찰에서는 별 소용되는 것들이 아닌 경우가 허다하다.

언젠가 마침 절에서 이것저것 잡일에 쓸 수 있는 톱이며 망치 등 일체의 공구가 한 상자에 담겨있는 물건을 구입한 적이 있다. 그런데 제대로 한번 써 보지도 않았는데 얼마 지나지 않아 녹슬고 부러지는 형편없는 물건들이었다. 그래서 물품을 팔고 다니는 몹쓸 사람들을 만난 경험은 유쾌하지가 않다.

내다 버리기에는 너무 아까워서 부서진 상품들을 이리저리 뒤져보니 한결같이 '메이드 인 차이나' 라고 하는 영문 글씨가 표기되어 있었다. 요즈음 시중에서 듣기로 조금 가격이 싸다고 하면 그것은 100% 중국산 제품이라 한다. 밀물처럼 밀려온다는 저가공세의 중국산 제품들, 심지어 우리의 밥상머리까지 올라앉은 소소한 먹거리에서부터 아이들의 장난감이나 학용품까지도 중국산이 판을 치고 있다.

그런데 문제는 중국산 제품들은 왜 무조건 싸고 부실해야만 하는가이다. 중국이라는 나라를 들여다보면 세계 경제를 쥐락펴락 할 만큼 엄청난 규모의 나라 살림을 운영하고 있다. 뿐만 아니라 우리나라는 몇 번의 실패에도 불구하고 무인 우주선 하나 쏘아 올리지 못하는 형편이이지만, 중국은 우리와는 비교가 되지 않을 정도로 초정밀 최첨단 과학에 근거하여 우주선을 발사하고 게다가 사람을 싣고 달나라를 왔다 갔다 제 마음대로 하는 나라다.

그와 같은 고도의 기술을 자랑하는 나라에서 그까짓 공산품 하나 제대로 만들지 못해 형편없이 저질스러운 소비제들을 제조하고 상품으로 내놓고 판매했을까 싶다. 더욱 의문이 드는 것은 왜 중국산 제품들은 하나같이 무조건 싸고 실용성 없는 것들이 전부일까 하는 것이다.

모르긴 해도 그것은 수요와 공급의 조건이 잘 맞아 떨어진 결과라고 봐야 할 것 같다. 싸구려를 원하는 수요 측면에서 우리나라 중간 상인들이 중국 상인들에게 상품의 질이나 재질의 견고성과 실용 가치는 문제 삼지 않겠다고 했기 때문일 것이다. 무조건 원가가 적게 들어가는 물건만 만들어 달라고 주문했을 게 뻔하다.

중국 상인들의 입장에서야 주문자의 요구를 충족시켜줄 의무가 있는 것이다. 거래 당사자들끼리 무슨 음모가 있었는지 보지도 듣지도 못한 우리는 알 수 없는 일이다. 하지만 내 어린아이가 쓰는 장난감, 내 가족이 먹어야 할 먹거리라고 생각한다면 재고해야 하지 않을까. 안전하지도 않고 때로는 위험하기까지 한 물건들이 국내로 반입되는 것을 막을 길은 요원한 것인가.

상인의 입장에서야 이윤 추구가 우선이겠지만 적어도 상도의라고 하는 상인의 기본 윤리는 갖추어야 하지 않겠는가. 이윤을 쫓아가는데 어

떠한 상식도 배제된다면 돼지나 소를 마구 잡는 것처럼 돈만 준다면 무
슨 짓인들 못하랴.

　이런 발상은 상당히 무서운 이야기다. 원인을 제공한 쪽이 결과도 함
께 받는다는 냉엄한 인과의 법칙이 있음을 명심해야 한다. 좋든 싫든 무
한의 책임이 따르는 자신들의 삶을 보다 거짓 없이 진지하고 정성스럽게
꾸려간다는 것이 얼마나 소중한 가치인가를 되새겨야 할 것이다.

　　세척진로원제해　洗滌塵勞願齊海
　　초증보리방편문　超證菩提方便門
　　아금칭송서귀의　我今稱誦誓歸依
　　소원종심실원만　所願從心悉圓滿

　그동안 수고로운 몸과 마음으로 짓고 부수어 버린
　온갖 번뇌와 망상
　이것들을 깨끗하게 씻어버리고
　자칫 그릇 형성된 나의 마음을
　완전한 평화의 바다로 나아가게 하소서.
　지혜를 획득하는 방법을 알게 하시고
　초월적 증거의 수행자가 되게 하시고

마침내 궁극에는 당신의 말씀을 이해하고
깨달음의 문으로 가볍게 들어갈 수 있게 하소서.

오늘에야 비로소 당신의 거룩한 이름 앞에
엎드려 당신의 이름을 부르며
당신께서 거두어 주실 것을 믿으며
간절한 마음으로 기도 드립니다.
오직 소원의 기도를 올리는 이 순간은
당신의 체험과 실천의 모습을 닮아서
모든 나의 이웃들과 더불어 언제나 원만하고
작은 것에도 만족하며
웃음을 잃지 않는 삶을 살게 하소서.

아무런 질시나 집착 없이 고요하고 평화스러운 부처님 마음처럼
편안한 안식의 정상에 올라가서 쉬게 하소서.

제 3 장
거침없는 나눔

일체의 법

거침없는 나눔

뱃사공의 노래

자유로운 영혼

아름다운 우정

일체의 법

나는 평소 연극 같은 것을 별로 즐겨 보지는 않는다. 그런데 우연한 기회에 연극 한 편을 보게 되었다. 한없이 나약할 것 같으면서도 무섭고 강인한 두 가지 얼굴의 연기를 곧잘 해내는 여배우가 있는데 그녀가 주연으로 나오는 연극이라 일부러 시간을 내 관람했다.

제목은 1951년 영화화된 이후 연극으로 오랜 시간 대중들의 사랑을 받았던 '욕망이라는 이름의 전차' 이다. 세계적인 희극작가 테네시 월리암의 작품으로 천민 자본주의를 신랄하게 비판하는 내용을 담고 있다. 테네시 월리암은 불랑쉬라는 여자 주인공을 통해서 아름다운 인간애에 비하면 욕망이란 형편없는 허상임을 말하고 있는 것 같다.

인간에게 있어서 욕망이란 도대체 무엇일까. 욕망의 사전적 의미는 자신에게 부족하다고 느끼는 무엇인가를 누리고자 끊임없이 탐내는 마음이라고 정의하고 있다. 욕망(慾望)의 자구를 풀이하면 '하고자 할 욕',

'바랄 망'이라고 되어 있다. 다르게 표현하면 그냥 욕심이다.

욕심에도 여러 가지 종류가 있다. 그중에서도 식욕, 수면욕, 성욕은 본능적인 욕심이다.

욕심이 좀 더 앞으로 나아가면 그것이 부풀려지면서 물욕과 같은 이름을 쓰는 소유욕으로 발전한다. 그 다음이 지배욕의 다른 얼굴인 권력욕이다. 이것들을 이루고자 온갖 수단과 방법들을 죄다 동원하여 물인지 불인지 가리지 않는 아귀와도 같은 모습들을 하게 된다. 이것을 성취욕이라 한다. 특히 인간의 물욕에 대한 집착은 때로는 공포를 느끼게 한다. 마치 브레이크가 고장 난 전차처럼 멈출 줄 모르고 무작정 앞만 보고 달려간다.

욕망이란 무시무시한 늪은 한번 빠지면 헤어나오기가 어렵다. 어떤 위험의 대가를 지불하더라도 기어이 획득해야 할 그 무엇이 되어 버린다. 불교에서는 욕심을 스스로를 태우고 마침내 다른 사람까지 망가뜨리는 매우 위험한 것이라고 가르친다.

「초발심자경문」에서 언급하기를, "재색지화(財色之禍)는 심어독사(深於毒蛇)"라고 했다. 물욕을 탐착하는 자의 불행한 결과는 한번 물리면 그 자리에 죽을 수밖에 없는 무서운 독을 가진 뱀을 가까이 하려는 것과 같다는 뜻이다.

문제는 대다수의 사람들이 자기가 맡고 있는 직업적 의욕과 진취성을 욕망과 혼돈하고 있다는 것이다. 자기 앞에 놓여 있는 삶의 적극적인 열정의 자세는 아름다운 것이다. 그러나 욕망이란 덫에 걸리면 개인의 목적을 이루기 위한 수단이 비정상적이고 비상식적으로 삐뚤어져 쉽게 변질되어 버린다.

무조건 많이 가지고 누리는 것이 최고의 선이라고 생각하는 현대인의 그릇된 가치관이 더 우려스럽다. 일부 종교 단체에서는 이런 그릇된 물량주의에 잘못 편승해서 무조건 내달리는 사람들의 욕심을 부채질하고 있다.

얼마 전 서울의 어느 대형 종교 건물을 수천 억을 투자해서 짓는다는 소문이 들렸다. 누가 어떤 건물을 높이 올리든 민주주의 국가에서 그 누구도 간섭하거나 관리할 권한은 없지만 사회적 합의 구조나 보편적인 소시민들의 상식선에서 본다면 물량의 높이와 크기에 반비례해서 그 종교 집단이 영광되고 거룩하고 위대하다고 칭송받아야 하는 지는 의문이다.

그들이 세우려는 건축물의 천문학적 재원이 갑자기 하늘에서 뚝 떨어진 것은 아닐 것이다. 그런데 놀라운 것은 헌금 약정이라는 명목으로 너도 나도 서둘러 내놓은 돈들이 목표 액수를 초과 달성했다는 소식도 들린다. 지면에 나온 이야기들을 액면대로 다 믿을 수야 없지만 서민들의 상상으로는 도저히 가늠할 수조차 없는 엄청난 재원을 마련하려면 그만큼의 어려움도 따르지 않았을까. 하지 않아도 좋을 괜한 걱정을 하는 내가 오히려 이상하게 보이는 건 아니지 모르겠다.

오늘날 여기 저기 필요 이상으로 넓고 큰 종교 시설들이 지어지고 만들어지고 있다. 그에 비해 오히려 저 크고 넓은 우주를 담고도 남을 인간의 마음자리만 점점 더 볼품없이 오그라드는 건 아니지 반성해 볼 일이다.

적어도 신앙인이라면 뭇 생명과 함께 행복한 미래를 이루기 위해 기도와 수행을 병행해야 하지 않을까. 저 많은 이웃들의 아픔을 다 보듬어 주지 못하는 자신의 한계를 아파해야 하고 자기와의 싸움에 승리자가 되기 위해 기도를 해야 한다.

나무대비관세음　南無大悲觀世音
원아속지일체법　願我速知一切法

거룩하신 관세음보살님이시여,
당신의 이름을 부르며 간절한 기도를 올립니다.
바라옵건데 세상의 모든 그릇된 이치를 바로 알아서
당신의 참다운 삶에 부합하게 하소서.

단순하게 일신의 욕망 바구니를 가득 채우려는 염치 없는 기도는 이제 그만두는 것이 좋다. 사찰에도 이런 부류의 사람들이 넘쳐나는 것은 숨길 수 없는 현실이다. 가장 좋은 기도처라고 입소문이 나면 밤잠을 안 자고 패거리로 달려들 간다. 그런 사람들의 기도를 옆에서 듣다 보면 종교적 양심을 가진 소원과는 거리가 멀어 보인다.

대다수가 가족의 이익이 얽혀 있는 취직, 승진, 사업, 학업 등등 무엇을 잘되게 아니면 무엇을 이루게 해 달라고 억척스럽게 매달리는 욕심 많은 사람들이 대부분이다. 하룻밤에 모든 것을 다 이루려는 듯 땀을 비오듯 흘리며 삼천배를 하고 경을 염송하며 밤을 새우기도 한다. 가상한 일이다.

기도를 하든 수행을 하든 온몸과 마음을 다 던져서 하는 것은 당연한 일이다. 그러나 욕심을 모두 버리고 맑고 쾌청한 정신세계를 유지하려는 기도가 아니라 욕심을 가득 채우려는 기도는 참다운 기도라고 말할 수 없다. 그리고 세상에 영험한 기도처란 없다. 당장 자신들이 서 있는 바로 그 자리가 으뜸가는 최고의 기도처이다.

기도하는데 장소는 크게 문제 되지 않는다. 그곳이 부엌이면 어떻고, 달리는 열차 안이면 어떤가. 기도하는 그 마음을 한시라도 놓치지 않는다면 장소는 불문이다.

그래도 장소가 문제가 된다면, 저마다 정해 놓고 다니는 교회든 성당이든 사찰이든 바로 그곳이 자신들에게 꼭 맞는 기도 인연처라는 것을 알아야한다. 옛 말에 이르기를, "이 방 저 방 해도 내 방이 제일 좋더라."는 속담이 있다.

그렇게들 쓸데없이 우르르 몰려다니며 이름 있는 기도처에 가서 기도한다고 우쭐해 하는 짓도 어떻게 보면 제 흥에 겨운 놀음이거나 전시 효과의 한 방편이라고 봐야 할 것이다. 자기 일신의 영달을 위해 욕심을 채우려는 기도는 진정한 기도가 아니라 기도를 빙자한 몸부림이다.

나무대비관세음　南無大悲觀世音
원아조득지혜안　願我早得智慧眼

원하옵나니 지혜의 눈을 빨리 뜨게 해 주옵소서.
우리의 어려움과 고통도 지혜의 눈을 뜨고 보면
어둠이 사라지듯 사라질 것입니다.
지혜의 눈을 뜨는 마음 공부 게을리하지 않게 하옵소서.

올바른 기도 발원은 이러하다. 한참 동안 어리석고 못나게 살아온 삶을 청산하고 텅 빈 마음, 맑고 깨끗한 마음으로 돌아와 '지금도 충분합니다.' 라고 하는 마음, 그리고 이 세상 누구를 만나도 그 누구를 보아도 일체가 내 몸처럼 보이는 눈이 열려야 한다. 그것이 곧 기도를 통해서 얻은 지혜로운 세계로 나아가는 길이라고 감히 말할 수 있다.

불자들이여, 이제라도 늦지 않았다. 제발 기도다운 기도로 돌아오라.

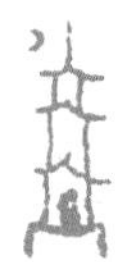

거침 없는 나눔

　　지금은 많이 사라지고 없는 시골 마을의 겨울 풍경이 생각난다. 겨울이면 언제나 방학을 맞은 개구쟁이들이 코를 훌쩍이며 눈발이 날리는 개울가나 얼음이 꽁꽁 언 무논에 나가서 스케이트도 타고 연도 날리며 신나게 놀았던 옛날이 그리워진다.

　　요즈음처럼 물자가 풍부했던 시절이 아니어서 스케이트라고 해 봐야 변변치가 않았다. 가느다란 철사를 각목에 끼우고 헌 판자 조각에 못 몇 개를 박으면 옹색하기 그지없는 앉은뱅이 스케이트가 만들어졌다.

　　그것마저도 구할 수 없는 아이들은 그 엉성한 스케이트 한번 얻어 타보겠다고 스케이트 가진 아이의 뒤를 밀어 주며 하루 종일 따라다녔다. 그것도 그냥은 안 되고 신문지로 접은 딱지 몇 장을 뇌물로 건네야 겨우 비좁은 개울 한 바퀴 돌아오는 재미를 맛볼 수 있었다.

　　그래도 큰 형들이 있는 집 아이들은 형들이 솜씨껏 만들어 준 외발 스케이트도 많이들 타곤 했다. 손바닥 크기의 판자를 잘라서 밑바닥에 철사를 두 줄로 구부려서 만든 것이 외발 스케이트다. 외발 스케이트는 양 모서리를 중심으로 여러 개의 못을 박아 못 끝에 검정 고무줄로 발등을 칭칭 동여매면 멋진 외발 스케이트가 된다. 요즈음 빙상 경기장에서 볼 수 있는 부츠형 스케이트의 원조라고 할 수 있다. 지금 생각해도 형편없이 조악한 외발 스케이트지만 형이 없던 나는 외발 스케이트를 가진 또래 아이들이 그렇게도 부러웠다.

겨울 놀이의 또 하나는 연날리기다. 창호지 한 장 얻어다가 대나무 살대를 가늘게 펴고 창호지 중앙에 구멍을 크게 뚫어 풀을 바르면 방패연이 만들어진다. 또 가장 쉽고 간편한 연은 유난히 꼬리가 길게 늘여진 가오리연이다. 연의 끈으로 사용되는 실 한 타래를 구할 돈이 없어서 어머니 뒤를 졸졸 따라다니며 보채던 나의 행동이 왜 그렇게 철이 없었는지 모르겠다.

눈물, 콧물, 애원 등 갖은 방법을 다 동원해서 사연도 곡절도 많은 종이 연이 완성된 날은 세상을 다 얻은 듯 기쁘기만 했다. 실타래를 슬슬 풀어 주면 연실에서 느껴지는 팽팽한 긴장감과 함께 꼬리를 살랑대며 끝없이 창공을 훨훨 날아가는 방패연의 멋진 곡예가 시작된다.

그러나 종이 연을 바람에 띄우는 재미도 잠깐 뿐이다. 한순간에 갑자기 샛바람을 견디지 못한 연은 연줄을 뚝 끊어 먹고 "잘 있거라 꼬마야, 나는 간다." 라며 먼 하늘에 흰 점으로 사라져 버린다. 그동안 연 한 장을 만들어 갖기 위해 얼마나 많은 수고가 있었던가. 그렇게 소중했던 장난 감이 일순간 흔적도 없이 사라진 것이다. 너무 허무하고 억울해서 하루 종일 울었던 기억이 새롭다.

지금은 지나가버린 어린 시절의 잊지 못할 추억의 한 페이지이지만 너나 없이 지독히도 가난했던 50년대 시절의 이야기다. 그래도 그때가 행복했다. 물질이 풍족하다고 해서 행복 지수가 높아진다면 오늘날 우리는 누구도 불만스러운 표정이나 볼멘소리를 하는 사람은 없어야 할 것이다. 그렇지만 지금 우리네 삶의 모습들은 어떠한가.

사람들은 행복을 말하지만 행복이란 참 막연하고 추상적이며 관념적인 단어이다. 무엇을 행복이라 정의할 수 있으며 어떤 필요 충분 조건이 충족되어야 행복의 기준점이 되는 지도 모호하다.

확언하건데 드러난 바깥 모양으로 포장된 삶의 모습이 행복의 척도는 될 수 없다. 행복의 반대인 불행의 씨앗은 비교 우위론이다. 적어도 자신이 불행하다고 느끼지 않는다면 그만큼 행복 지수는 높다고 보아야 할 것이다.

도스토예프스키는, "인간이 불행한 것은 자기가 현재 정말 행복하다는 사실을 모르기 때문이다."고 말했다. 유교경에서는 "소욕지족(小欲知足)이 행복한 자"라고 했다. 다시 말해 작은 것에 만족할 줄 아는 자가 행복과 가깝다는 것이다.

불교에서 바라본 행복이란 부처님의 말씀 가운데 있다. 『법구경』에서 부처님께서는 "탐욕에 비유될 만큼의 격렬한 불길은 없다."고 하셨다. 탐욕이 얼마나 사람을 행복으로부터 멀어지게 하는 지를 불길에 휩싸이는 재앙으로 비유한 것이다.

행복이란 크게 나누어 두 가지로 생각해 볼 수 있다. 소유지향적인 삶이 가져다줄 심리적 만족도가 얼마나 기대치를 채워주느냐에 달려 있다고 생각한다. 흔히 누구나 부러운 시선으로 바라봐 주는 최상의 부를 누렸으면 하는 바람을 갖는다. 또 모든 사람이 내 권력 앞에 서면 옴짝도 못할 제왕적 권위와 권능을 가지면 얼마나 행복할 것인가하는 생각을 하기도 한다.

그러나 이 같은 부와 권력지향적 삶의 방식은 일신의 안위를 위한 욕망의 부스러기일 뿐 존재지향적 삶의 가치는 아니다.

지금 이 시간에도 아무도 알아봐 주지 않는 먼 오지 바다나 산에서 묵묵히 맡은 바 직분을 다하고 있는 사람들이 있다. 이들의 정직한 땀방울은 우리를 행복하게 한다. 행복이란 그렇게 거창한 무엇이 아니다. 식상한 이야기처럼 들릴지 모르지만 저마다 자기가 서 있는 위치에서 최선을 다하고 바로 그 자리에 만족할 때 비로소 행복의 미소가 자기의 것이 된다. 진정한 존재지향적인 행복은 다른 사람의 얼굴에서 자신을 향해 보내는 환한 미소를 보았을 때 성취되는 것이다.

그와 같은 미소란 다름 아니다. 자신이 가진 것으로 나누기에는 너무 모자랄 것 같은 아주 작은 사랑까지도 이웃과 함께 나누는 일이다. 그렇다고 내 이웃이 아주 멀리 떨어져 있는 것도 아니다. 바로 옆에 내 이웃이 분명 있다. 폐품을 수거하는 이, 거리 노숙자, 공원의 노인들, 아파트 경비원, 환경미화원 등등 조금만 주위를 둘러보면 너무 많다.

그들을 대하는 겸손한 행동과 언어에서부터 사랑 나눔이 시작된다. 쓸데없이 교만한 몸가짐이나 상대를 함부로 대하려는 무례함 등은 사람을 사랑하는데 가장 큰 장애 요소다.

물론 가진 사람들은 물질로 나누는 것도 권장할 만하다. 그렇다고 꼭 돈 몇 푼이면 다 되는 세상은 아니다. 절망에 빠진 친구를 위해 따뜻하고 위로가 될 만한 말 한 마디 건네는 것도 나눔이다. 한 달에 한번쯤 정해 놓고 불우한 환경에 처한 사람들이 살고 있는 시설들을 찾아서 건강하게 살고 있는 자신의 몸을 내어 봉사하는 일도 사랑이다. 산동네 무의탁 노인들 몇 분을 담당하여 청소나 빨래, 말동무가 되어 주는 일 등 돈 안 들이고도 행복을 생산할 수 있는 일은 너무 많이 널려 있다.

내가 건넨 작은 사랑에 감동하고 행복한 미소를 보내는 그들을 보면서도 자신을 불행한 사람이라고 여긴다면 진정성이 담기지 않은 봉사를 한 게 아닐까. 아니면 마음이 병 든 사람이거나 우울증을 앓고 있는 정신장애자일 확률이 높다.

이웃과 사랑을 나누는 일에 선후나 차별은 필요 없다. 무조건 용감히 나서야 한다. 그리고 주저 없이 실천하자. 거침없는 자비 행동은 인간이 가질 수 있는 유일한 양심의 척도라 할 것이다. 누구나 행복할 수 있다. 그 행복은 아주 쉽고 가까운 곳에서 우리들을 오랫동안 기다리고 있다. 너그럽고 여유로운 미소를 머금고 불우한 이웃에게로 좀 더 가까이 가 보자.

그곳에 행복이 있다. 대자비심의 노래가 가득 울려 퍼질 것이다. 나의 마음 안에 내재된 관세음보살에게 머리 숙여 귀의하고 일체 중생을 행복하게 하겠다는 넓고 큰 원력을 세우자.

원력이란 다른 말로 표현하면 서원이다. 역사적으로 위대한 성인들은 모두가 하나 같이 소원이 아니라 서원을 세웠다. 소원이 단순한 개인적 희망의 분류라면 서원은 전 인류적 의미를 포함하는 어떤 것이다. 그들

성인들은 처음부터 성인이 된 것이 아니다. 서원을 담보로 일생 동안의 끝없는 자기 희생적인 실천을 했기에 성인의 삶으로 거듭난 것이다.

우리 또한 늦었지만 천 개의 눈과 손이 되어서 저 눈물 많은 중생들을 보살피는 자비의 주체가 되어 보자. 그리하여 우리들 마음속에 잠들어 있는 본래의 원만한 '자비(慈悲)'의 모습으로 전환된 삶을 살아 보자.

나무대비관세음　南無大悲觀世音
원아속도일체중　願我速度一切衆
나무대비관세음　南無大悲觀世音
원아조득선방편　願我早得善方便

내 이제 모든 사랑의 방법을 다 찾아나설 것이니
바라옵건데 어서어서 인류의 모든 생명들이
이 고통의 바다를 건널 수 있도록 방법을 일러 주소서.
또한 온전한 사랑의 용기와 힘을 저에게 주소서.

뱃사공의 노래

나는 나룻배

당신은 행인

당신은 흙발로 나를 짓밟습니다

나는 당신을 안고 물을 건너 갑니다

나는 당신을 안으면 깊으나 얕으나 급한 여울이나 건너 갑니다

만일 당신이 아니 오시면 나는 바람을 쐬고 눈비를 맞으며

밤에서 낮까지 당신을 기다리고 있습니다

당신은 물만 건너면 나를 돌아보지도 않고 가십니다 그려

그러나 당신이 언제든지 오실 줄만은 알아요

나는 당신을 기다리면서 날마다 날마다 낡아갑니다

나는 나룻배

당신은 행인

만해 한용운 스님의 '나룻배와 행인'이란 시를 외운다.

저녁 노을이 지는 강나루를 나뭇잎 같이 아주 작은 나룻배 하나가 물길을 따라서 구름에 달 가듯이 서서히 강 포구를 건너가는 목가적 풍경을 상상해 본다.

이 땅의 아름다움을 사막에 사는 사람들이 어찌 알겠는가. 이밖에도 나룻배에 관한 시들이 더러 있지만 나는 이 시를 읽으면 꼭 뱃사공의 삶을 연상하게 된다. 나룻배를 타고 강을 건너는 나그네의 마음과 나룻배를 젓는 사공의 마음을 생각나게 한다.

뱃사공은 부지런히 배를 저어서 이쪽 나루에서 저쪽 강 언덕으로 손님들을 건네주는 역할을 하는 단순 노동자에 불과하다. 그러나 배를 타고 있는 손님을 대하는 뱃사공이 지극한 섬김의 삶을 산다면 우리는 그의 가치 있는 직업에 무한한 존경을 절제할 이유가 없다.

오랫동안 배를 저으며 터득한 것은 배를 타고 건너려는 손님들의 복색과 몸짓만 봐도 가지가지 사연들이 서려 있음을 안다는 것이다. 때로는 슬프기도 하고 어떤 때는 경사가 난 듯 기쁘기도 해서 함께 축하해 주기도 한다.

영 엉터리 같은 공짜 손님도 있고 말재주를 부려서 함께 타고 있는 배 안 사람들을 웃기는 축도 더러 있다. 뱃사공은 별의 별난 손님들을 접하게 되는 직업인이기도 하다. 요즈음 대중교통으로 치자면 도회지 버스 기사 같은 사람이다.

불교에서도 수행자들이 공부를 다하고 나면 그 다음은 사공 노릇을 의무적으로 해야 한다는 전제가 있다. '상구보리 하화중생(上求菩提 下化衆生)'이 바로 그것이다. 즉 차안(此岸)이라는 이곳 인간 세상의 고통 받는 중생들을 모두 배에 태워서 행복과 평화가 있는 이상적 세계인 피안의 언덕으로 데려다 주어야 한다는 말이다.

나룻배와 뱃사공은 구원의 주체로서의 삶을 비유하고 있다. 이 같은 대서원을 발하는 수행자라야만 대승불교 사상에 걸맞는 수행자라 할 수 있다. 그러나 사람마다 개인의 종교적 소양과 소신, 실천적 행동에 따라 자신이 뱃사공일 수도 있고 아니면 역할이 바뀌어 손님이 될 수도 있다.

더 엄밀히 보면 세상에는 구원받을 자와 구원할 자의 씨앗이 처음부터 따로 정해져 있는 것은 절대 아니다. 스스로를 사공이라 칭하고 모든 이들에게 유익함을 줄 수 있는 사람으로 거듭나겠다는 각오가 있어야 한다.

그래서 마침내는 버릴 것은 과감하게 버리고 끊어야 할 인연들은 절도 있게 끊어서 새로운 삶의 방식으로 일대 전환할 필요가 있다. 이제부터라도 모든 이들을 지극히 섬기는 사공으로서의 자리를 고집해야 한다.

이 얼마나 뜻있고 값진 삶인가. 비단 뱃사공의 이야기가 아니라도 좋다. 요즈음 저자에 나가보면 물론 전부는 아니지만 가끔 상인들이 손님 대하는 태도가 실망스러울 때가 있다. 물건을 사고 파는 상거래에 있어 상인 입장에서야 물건을 많이 팔아서 이익이 남는 장사를 하는 것이 목적일 것이다. 그러려면 우선 손님을 대하는 태도부터 친절해야 한다.

그러나 그렇지 않는 경우가 가끔 있다. 사든지 말든지 마음대로 하라는 식으로 고객을 대하는 표정들이 불량하기 이를 데 없다. 물건을 사기 위해 가계 앞에 가면 "어서 오세요."가 아니라 물끄러미 쳐다만 본다.

이 경우 손님은 주눅이 들어 이 물건이 얼마냐고 물어볼 수조차 없는 위압감을 느낀다. 자기가 무슨 직업을 가지든 상관없다. 직업에 귀천이 있겠는가. 다만 하루를 하다가 그만두는 일이 있다 하더라도 현재의 자기 처지를 충분히 살피고 상인이면 상인답게 친절해야 하고, 공무원이면 공무원답게 대민 서비스에 만전을 기해야 하고, 의사면 의사답게, 선생님이면 선생님답게 해야 한다. 그 '답게' 한다는 것이야말로 곧 자기 인생을 멋있게 설계해 가는 첫 단추다.

불친절한 상인을 만나거나, 위압적인 공무원을 만나거나, 죽을 병이

걸린 환자도 돈이 없으면 치료를 안 해주는 의사를 만나거나, 검은 돈을 받다가 어딘가로 끌려가는 정치인을 만날 때 우리 서민 대중은 더없이 우울해진다.

자기에게 주어진 역할을 제대로 하지 못할 때 우리 사회는 마치 오케스트라의 삐걱거리는 음악처럼 엉망진창이 될 수밖에 없다. 이 사회의 모든 구성원 한 사람 한 사람이 자신의 삶을 얼마나 진정성을 가지고 감당해야 하는가를 강조하지 않을 수 없는 까닭이 여기에 있다.

오늘 나의 직업은 이름은 달라도 당신의 뱃사공이고 싶다.

그리고 "어서 오르세요. 당신의 목적지까지 만족스럽게 건네 드리리다."라고 말하고 싶다.

나무대비관세음　南無大悲觀世音
원아속승반야선　願我速乘般若船
나무대비관세음　南無大悲觀世音
원아조득월고해　願我早得越苦海

간절한 마음으로 기도 드립니다.
저의 모자란 수행력의 배를 띄우겠습니다.
그래도 가능하시다면 소원을 들어주십시오.
부처님께서 자비로이 내려주신 지혜의 배(반야선)를 타고
이토록 고통스럽기만 한 바다(고해)를
한시라도 빨리 건너가는 중생들이 더 많아지기를
거듭 소원합니다.

자유로운 영혼

하늘을 쳐다 보았다. 먹구름이 잔뜩 끼었다. 시간상으로는 화사한 초봄 햇살을 기대하는 계절임에도 봄은 아직 멀었나 보다. 봄은 왔으나 아직 봄이 오지 않았다는 시를 읊조리게 한다. 산에는 난데없는 싸락눈이 퍼붓기 시작했다. 아직은 겨울을 보내 줄 수 없다는 뜻인지 심술궂은 날씨는 온 산천을 꽁꽁 얼려 버렸다.

이제 막 새순을 피울 나뭇가지에 다시 겨울옷을 입혀 놓고 겨울은 저 혼자 만족스러운 듯 철퍼덕 주저앉아 억지를 부리고 있다. 아마도 사람들이 두 손 들어 환영하고 박수갈채를 보내는 새봄을 시샘하거나 질투라도 하는 것은 아닌지 모르겠다.

질투 이야기의 대표는 단연 그리스 신화에 나오는 인비디아를 빼놓을 수 없다. 다른 여자가 웃기만 해도 상대 여자를 가만두지 않는다. 어떻게 해서든 복수를 하는 지독한 질투의 여신이 인비디아다. 무서운 여자다.

자기와 아무런 상관도 없는 사람이라 할지라도 조금만 행복해 하거나 아름다운 모습을 가지고 있다면 그가 누구이든 상대를 가리지 않고 그 사람의 입속에 마른 기운을 불어넣어 끝내 말라죽게 만든다. 하루라도 질투를 하지 않으면 스스로 고통스러워 견딜 수조차 없는 생태적으로 악독한 여신이다.

불교 경전에도 이 같은 여인이 한 명 등장한다. 그녀는 한 나라의 왕비였는데 질투심이 무척 강한 여자였다. 혹 왕이 다른 궁녀와 다정하게 지낸 사실을 알게 되면 그 여인을 데려다가 코를 베어내고 눈을 파내고 심지어는 두 팔과 다리를 잘라서 돼지우리에 던져버리는 천인공노할 저주의 심성을 타고 난 여자였다.

질투란 참으로 무섭고 끔찍한 증오심을 발동시킨다. 왜 이런 질투심이 생기는 것일까. 심리학의 측면에서 본다면 우월주의와 사치성의 조합형 성격을 가진 특별한 인간 심리구조가 아닌가 싶다.

질투란 단어에 대하여 불교에서는 집착의 한 단면이라고도 본다. 분명 자신과는 인연이 없다는 것을 뻔히 알면서도 그것이 물질이든 사람이든 하나밖에 없는 목숨을 걸고라도 기어이 쟁취하고 말겠다는 억지를 부리는 행위이다. 그런 무리한 수법을 꾀하는 것은 매우 위험천만한 일이다.

그렇게 되면 그 사람은 무서운 집착증 환자가 되고 말 것이다. 일반적으로 무엇이든 자신이 마음먹은 대로 가질 수 없을 때나, 반대로 누군가가 자신이 간절히 가지고 싶어하는 무엇인가를 가지고 있을 때 상대적 박탈감이 질투로 나타나게 된다. 상대가 자신이 가지지 못한 것을 가지고 있기 때문에 잘난 체한다고 생각하고 괜한 자격지심과 열패감을 가지게 되는 것이다. 그것이 자칫 쓸데없이 미운 마음을 가지게 되거나 복수심을 일으킬 수도 있다.

구태여 그렇게까지 집착할 필요가 무엇인가. 한 생각만 돌이켜보면 얼마든지 집착으로부터 포로가 되거나 노예 신세가 되지 않고 자유로울 수가 있다.

하늘을 나는 새들을 한번 보자. 해마다 겨울이 되면 찾아오는 귀한 손님들이다. 그들을 일러 겨울 진객이라고들 한다. 멀리는 알래스카에서부터 시베리아 등에서 날아 온다. 그곳의 봄과 여름 평균 기온이 우리 나라 10월에서 3월까지의 날씨와 같다.

겨울 철새들의 낙원을 꼽으라면 한때는 을숙도가 철새 도래지로 유명했지만 여러 가지 사정으로 지금은 천수만 일대와 순천만 쪽의 갈대숲이 아닌가 싶다. 그들은 일부러 초대하지 않아도 그렇게 멀고 험한 비행길을 나침반도 하나 없이 기가 막히게 잘들 찾아온다. 얼마나 자유로운 삶인가.

겨울 철새들의 종류는 고방오리, 독수리, 갈색 양진이, 큰고니, 검은 머리방울새, 개똥귀바귀, 넙적부리 오리, 개개비, 검은 댕기 해오라기 등 이름을 다 셀 수가 없을 정도로 많다. 새들이 먹이를 구할 때에도 한낮보다는 아침 나절이나 저녁 해거름 시간대를 선호한다. 먹이를 찾아 이동하는 철새 떼들이 화려하게 펼치는 군무(群舞)는 장관을 이룬다. 특히 노을 지는 갈대숲 위를 무리 지어 지날 때면 숨이 멈출 것 같은 아름다움이 연출되기도 한다.

새들은 저마다 아름다움을 지니고 있다. 큰 날개를 가진 독수리만 멋있고 그밖에 다른 새들의 비상하는 모습은 초라한 것인가. 그건 아니다. 고니는 고니대로, 참새는 참새대로, 콩새는 콩새대로 나름의 아름다움과 멋이 있다. 멀리 날지 못한다는 이유를 들어 질투하지 말자. 거추장스럽게 큰 날개를 가지게 되면 하늘을 비상할 때 작은 새보다 더 많은 에너지를 소모해야 하는 고통도 있다.

큰 날개를 가진 새를 보며 질투하는 작은 새를 본 적이 있는가. 아마 보지 못했을 것이다. 작으면 작은 대로 아름답고, 크면 큰 대로 멋스러운 새들의 비상을 보면서 우리네 인간 군상은 얼마나 부자유스러운지 모른다. 덧없는 욕심과 부질없는 집착과 그로 인한 질투심은 신화에 나오는 인비디아처럼 끝내 자신조차도 가을 낙엽처럼 바싹 말라서 비참한 최후를 맞이하게 한다.

사람이 한평생 살면서 누구와 경쟁하기도 하고 또 누구 때문에 자신이 열세감이나 부족함을 느끼는 때도 더러 있기 마련이다. 어릴 적에는 같은 반 친구와의 키 높이부터 학업성적에 이르기까지 귀여운 경쟁의식을 가지게 된다. 성인이 되어서는 직장 동료와 선후배 간에 승진 기회를 잡기 위한 경쟁으로 팽팽한 신경전을 벌일 때도 있다.

그것들은 질투라기보다 저마다 삶을 아름답게 가꾸려는 선의의 경쟁으로 봐야 할 것이다. 한 가지 우려스러운 것은 경쟁의 상대를 정정당당하게 실력으로 이기려 하지 않고 갖은 방법과 온갖 술수를 다 동원하는 사람들이 있다. 과정을 무시한 채 결과만을 추구하는 이와 같은 추잡한 인간의 삶은 그야말로 집착과 질투로 버무려진 조악한 인생이라 할 것이다.

나무대비관세음　南無大悲觀世音
원아속득계정도　願我速得戒定道
나무대비관세음　南無大悲觀世音
원아조등원적산　願我早登圓寂山

자비하신 관세음보살님께 간절한 기도를 올리옵니다.
될 수만 있다면 지금보다 더 빠른 시간 안에
이 세상 모든 이들과 지켜야할 약속이 있다면
꼭 지키게 해 주십시오.
아무런 질시나 집착 없이
고요하고 평화스러운 부처님 마음처럼
편안한 안식의 정상에 올라가서 쉬게 하소서.

아름다운 우정

　　독일 뉘른베르크 출신의 뒤러라는 화가에게 한 가지 일화가 있다. 뒤러는 어린 시절 헝가리에서 이주하여 금세공 기술자로 일하는 아버지의 조수로 따라다니며 금세공 기술을 배웠다. 너무나 가난했던 뒤러는 함께 그림 공부를 하는 친구와 약속하였다. 두 사람 중 누구든 화가로 먼저 출세하여 세상에 나아가 이름을 알리게 되면 남은 친구의 그림 공부를 계속할 수 있도록 경제적 후원자가 되어 뒷바라지해 주기로 한 것이다.

　그렇게 약속은 했지만 가난한 미술학도들에게 현실은 너무 가혹했다. 뒤러와 그의 친구는 서로를 격려하며 생활고를 극복하기 위해 막노동판을 전전하기도 했다.

　그러던 어느 날 뒤러가 그 친구의 집을 찾아갔는데, 친구는 뒤러가 온 줄도 모르고 혼자서 두 손을 모은 채 기도하고 있었다.

"이제 나는 노동판에서 굵어진 손마디 때문에 섬세한 손놀림을 잃어 버려 더 이상은 그림을 그릴 수 없습니다. 간절히 바라건데 나의 친구 뒤러는 나보다 몇 배 훌륭한 화가가 될 수 있도록 도와주시고 그의 손은 나처럼 흉측한 손이 되지 않도록 허락해 주십시오."

친구는 이렇게 신에게 기도하고 있었던 것이다. 뒤러는 자기가 왔음을 친구에게 알리지 않고 그 자리를 돌아서 왔다. 터벅터벅 집으로 가는 길에 뒤러는 얼마나 감동의 눈물을 흘렸는지 모른다. 그 후 그가 영혼을 담아 그린 그림의 제목이 '기도하는 손' 이다.

세계적인 거장 램브란트와 함께 화가, 판화가, 미술이론가로서 유명해진 뒤러의 작품 세계는 그의 끝없는 도전의 산물이기도 하지만, 가난한 친구의 감동적인 기도가 얼마쯤은 영향을 미쳤을 거라 상상해도 틀리지 않을 것이다.

지기란 쉽게 얻을 수 있는 친구가 아니다. 적어도 중국 고사에 나오는 '관포지교(管鮑之交)' 정도의 믿음은 나누어야 지기라 할 것이다.

"나를 낳은 것은 부모지만 나를 성숙하게 만들어준 사람은 포숙아다."

포숙의 친구 관포의 말이다. 세상에 태어나 자기를 위해 목숨까지도 기꺼이 버릴 수 있는 친구를 단 한 명만 두어도 그 사람의 인생은 성공한 인생이다. 이 시대에 이렇게 가슴 뜨거운 우정을 나누는 사람들이 얼마나 있을까. 이런 생각이 들면 왠지 서글퍼진다.

　우정도 시기에 따라 변한다. 소년기의 친구가 다르고 청년기에 친구가 다르고 노년기의 친구가 다르다. 소년기의 친구는 천진한 얼굴과 꾸밈 없는 우정으로 무작정 서로를 좋아하고 조건 없이 사귀게 되는 친구다. 이런 친구의 유형은 거의 고향 친구인 경우가 많다. 이른바 벌거숭이 친구라고 하는 것이다.

　청년기에는 상대에 따라, 조건에 따라 다른 친구를 만나게 된다. 예를 들면 군 생활에서 사귀던 친구이거나 사회나 직장에서 만나 서로의 필요에 의해 만나는 친구이거나 아니면 술 친구, 요즈음은 인터넷으로 만나는 취미가 같은 동호회 친구도 있다고 들었다. 물론 예외는 있겠지만 이 같은 친구들은 군대를 제대하면 잊어버리고, 결혼을 하거나 직장을 옮기고 나면 기억에 남아 있지 않은 친구가 대부분이다.

　노년의 친구는 그냥 오래전부터 알고 지내는 이웃 친구들이다. 이렇게 많은 친구들 중에서 내가 절망에 빠져 있을 때 빚보증이라도 주저없이 성큼 서 줄 수 있는 친구라면 더할 나위 없이 고맙고 감사한 친구일 것이다. 진정으로 피를 나눈 형제의 우애 못지 않은 친구다. 그것도 아니면 새벽녘 남들이 다 잠든 밤에라도 부르면 이유 달지 않고 달려와 줄 친구,

이런 친구 한 명쯤 있다면 참 행복한 삶을 사는 사람이라 할 것이다.

그 같은 친구는 쉽게 얻어지는 것은 아니다. 살면서 스스로 얼마나 주변 친구에게 가식 없이 대했는가, 진정성을 다해 사귀어 왔는가, 서로를 존경할 수 있는가, 무례하지 않았는가에 달려 있다.

오늘날에는 친구도 선별이 필요한 것 같다. 때로는 피해를 줄 수 있는 가능성이 농후한 친구도 없지는 않다. 친구라고 믿었는데 우정을 가장하여 뻔뻔하고 파렴치한 행동을 서슴지 않는 친구들도 더러 있다.

부처님 말씀이 담긴 『법구경』에 보면, "친구를 사귀되 내가 이익 되기를 바라지 말라."고 하였다. 그러나 신형 친구의 정의는 자기에게 얼마나 손익이 될 만한 사람인가에 따라서 친구도 등급제가 되었다. 인간애가 담긴 친구가 점차 고갈되어 가는 이 삭막한 세상을 어떻게 살아갈 것인가 고민하지 않을 수 없다.

뒤러의 친구같이 아름다운 친구를 두고 있는지 주변을 둘러보자. 만약 한 명도 없다면 지금부터라도 나 스스로가 먼저 친구다운 친구가 되어 보자. 그리고 내가 내 친구를 위해 할 수 있는 일 중 억지스럽지 않고 자연스럽게 해줄 수 있는 일이 무엇일까를 찾아보자. 그리고 친구를 위해 기도하자. 전혀 이해 관계가 없는 내 이웃의 행복을 빌며 축원하는 기도도 연습하기를 권한다.

조금은 낯선 이야기 같지만 부처님은 중생에게 있어서 지도자이며 큰 스승이기도 하지만 진정한 중생의 친구이기도 하다. 중생이 없는 부처는 생각할 수 없다. 다시 말해 부처 없는 중생은 그 의미가 없다.

그러므로 우리는 언제라도 조건 없이 찾아가 우정을 나눌 수 있고 가슴을 열어 말할 수 있는 친구이자 스승인 부처님 앞에 나아가 온 마음을 다해 한번쯤 사귀어 볼 것을 권해 본다.

나무대비관세음　南無大悲觀世音
원아속회무위사　願我速會無爲舍
나무대비관세음　南無大悲觀世音
원아조동법성신　願我早同法性身

바라옵건데 하루빨리 돌아가 우정을 나누어도
나누지 않은 것 같이 나누는 사람 되게 하시고
마침내는 그와 같은 생각과 그와 같은 마음과
그와 같은 몸으로 걸림없이 살아갈 수 있는 용기를 주소서.

내 이제 오늘에야 알았네.
아무리 많이 가져도 굶주린 늪을
빠져 나올 방법이 없다는 것을...
그래서 아주 작은 것에도 충분히 만족하는 삶이라야
늘 포만감으로 행복할 수 있다는 것을...

제 4 장
열한 가지 얼굴

날카로운 삶

뜨거운 고통

지옥의 의미

축생들의 세상

열한 가지 얼굴

넉가로운 삶

불교 신자가 아니라도 가끔씩 여행하거나 산행을 하다보면 들르게 되는 곳이 절집이다. 언제부터라고 할 수 없지만 이제는 사찰도 조용한 수행자의 처소로만 한정된 기능을 가질 수 없게 되었다. 주말이면 찾아오는 관광객들의 번거롭고 시끌벅적한 소란스러움을 참아내야 하는 일상은 힘겹다.

물론 오랜 역사적 가치를 가진 유형 무형의 전통문화재가 산재해 있는 사찰을 체험하고 순례 차원에서 내방하는 사람들이야 언제든 환영한다. 하지만 대다수는 그냥 그곳에 절이 있으니 한번쯤 눈요기나 해둘 요량으로 왔다가는 사람들이 대부분이다.

그중에서 특히 아무 곳에나 함부로 쓰레기를 버리고 침을 뱉는 행위자나 옷차림마저 반은 벗어 눈 둘 곳마저 마땅치 않은 맨발의 샌달족들의 요란스러운 방문은 무례하기 이를 데 없다. 특정한 종교적 이념과 의례 의식 절차에 대한 몰이해는 그렇다 하더라도 선조들의 피와 땀이 절은 예술의 혼과 숨결이 살아 있는 곳이 사찰임을 생각한다면, 단순히 오랜 역사성을 가진 예술품을 감상하는 자세라 할지라도 그래서는 안 될 것이다.

　최소한의 예의는 갖추어야 한다. 그뿐만이 아니다. 몰상식한 사람들의 막무가내는 도를 넘는다. 무엇이 그렇게도 궁금한 것인지 모르겠다. 스님네들이 수행하고 공부하는 공간이므로 출입이 통제된 곳이라고 분명 푯말을 세워 놓았는 데도 친절하게들 기웃거린다. 고집이 센 사람들이거나 아니면 염치가 없는 사람들일 것이다. 이곳 저곳을 기웃거리며 눈요기감을 찾다 보면 제법 규모가 큰 사찰에는 꼭 명부전이라는 곳을 만나게 된다.

　앞에서 말한 부류의 사람들이 꼭 감상하고 가기를 권하고 싶은 곳이다. 명부전은 제 삶을 무질서하게 살아가는 사람들이 죽어서 태어나게 되는 모습들을 그림으로 표현한 것이 특징이다. 명부전 중앙에는 지옥에서 고통 받고 신음하는 사람들을 구원해 주고 당신 스스로 그 죄값을 대속하겠다는 서원한 대원본존 지장보살님이 주불로 모셔져 있다. 좌우측에는 도명존자와 무덕귀왕이 협시로 지장보살을 외호하고 있다. 그리고 각기 중생의 태어난 해의 동물, 즉 쥐띠나 소띠는 무슨 대왕이 관장하고 호랑이띠와 토끼띠는 무슨 대왕의 소속이라고 구별 지어 놓은 10대 왕이 조각상으로 안치되어 있다.

그런데 이 명부전 전각 벽면에는 사람들이 살아 있는 동안 몹쓸 짓을
반복하여 지은 죄의 대가를 받게 되는 지옥의 끔찍하고 무시무시한 장면
들을 나열해서 그림으로 표현해 놓았다.
사람이 벌거벗은 채로 말 꽁무니에 매달려 끌려가는 그림이 있는가 하
면, 입으로 지은 거짓, 기만, 악구(惡口)에 대한 업보로 혀를 뽑아내는 참
혹한 모습을 적나라하게 그려 놓은 곳도 있다.

어떻게 보면 유치한 그림들이라 치부될 수도 있다. 하지만 실재하는
우리들 삶의 자화상을 조금만 각색해서 들여다보면 절집의 명부전에 그
려진 지옥을 표현한 그림들과 크게 다르지 않다. 오히려 명부전 벽면의
그림들보다 더 형편없는 짓들을 반복하며 살아가고 있는지도 모른다.
특히 지옥의 종류 가운데 면도날 같이 예리한 칼들이 거꾸로 나무숲처
럼 빽빽한 칼산지옥이 있다. 이 지옥에 빠지면 목적지인 가파른 산 정상
을 오르는 동안 어디에도 손을 뻗어 잡을 수도 없는 온통 칼숲을 만나게
된다. 앞사람이 한 걸음이라도 빨리 가지 않으면 뒷사람이 밀어 버리기
때문에 한 걸음 걸을 때마다 팔이 베이고 다리가 잘려 나가면서도 앞으
로 계속 걸어야 한다. 새살이 돋고 또 베이는 끊임없 고통에 시달리며 하

루에 만 번을 죽었다가 살아나는 곳이 바로 칼산지옥이다.

상상하기조차 무서운 형벌을 받는 칼산지옥에서의 단 한 가지 소원은 영원히 죽어서 다시는 살아나지 않는 것이라고 한다. 불교인이라면 너무나 잘 알고 있는 신통제일 목련존자의 어머니가 지옥고를 겪은 곳도 이 칼산지옥이다. 목련존자의 어머니는 "차라리 누구네 집 개로 태어나 매일 두들겨 맞는 한이 있어도 칼산지옥은 갈 곳이 아니다."라고 외마디를 내뱉었다고 한다. 이 말만으로도 칼산지옥의 고통이 어떠한지는 말로 형언키 어려우리란 것을 알만하다.

그렇다면 이렇듯 끔찍스러운 칼산지옥은 누가 만들어 놓는 것일까. 바로 우리들 자신이 날마다 눈을 뜨면 돈과 명예와 권력, 그밖의 말초적 감각적 세계를 구축하는 목적을 위해 칼산지옥을 만들어 놓고 그 안에서 살고 있는지도 모른다.

우선 자신과 가장 가까운 부모님과 형제, 친족과 이웃에게까지도 대상을 가리지 않고 무차별적인 흉계와 독설의 칼을 휘둘러 마음에 상처를 입히고 마침내는 자신까지도 그 칼에 베이는 안타까운 삶을 살고 있는지도 모른다.

무엇이 그 같은 고통의 원인을 만들고 생산해 내는지 우리들 삶의 모습을 되돌아 볼 필요가 있지 않을까. 혹 자신이 의식하지 못하고 저지른 일들이 타인의 가슴에 비수가 되어 꽂혀 있는 것은 아닌지 말이다. 특히 오늘날과 같이 천민자본주의 시대의 잘못된 경쟁의식은 큰 문제를 초래한다. 상대가 자신보다 못해야 살아남는다는 식의 사고방식이나 나만 잘 살면 된다는 약육강식 승자독식의 논리는 어쩌면 머지 않아 다가오게 될 사후의 칼산지옥으로부터 발송되어 오는 초대장일지도 모른다.

사람들이 거울을 보면 제 얼굴에 무엇이 묻어 있는지를 아는 것처럼 우리 사회의 헝클어진 모습은 정치하는 사람들의 입을 쳐다보면 제일 잘 알 수 있다. 상대가 어떤 상처를 입고 피를 흘리든 말든 이기기 위해 수단과 방법을 가리지 않는다.

이렇게 백성의 이름을 팔아서 자기 집단의 손익을 계산하고 유·불리에 따라 권력의 칼을 마구 휘두르는 사람들이 더러 있다. 이 같은 칼산지옥은 우리들 개개인도 마찬가지다. 자신의 사랑하는 아내나 남편, 자녀들에게 치유되기 힘든 상처를 주는 말을 입으로 내뱉기를 주저치 않으니 어찌 무쇠로 만든 칼만 꼭 칼이겠는가.

이 세 치의 혀가 바로 사람을 죽이고 살리는 칼이다. 바로 칼산지옥이 우리들 눈앞에서 펼쳐지고 있다. 자신이 그 같은 흉기를 휘두르는 난폭한 장면을 연기하고 있으면서도 눈치 채지 못하는 무감각함이 오히려 가련하다.

오래도록 나를 향해 복수를 다짐하고 있는 사람은 없는지, 그 같은 원

인을 제공해 놓고 까마득히 모른 채 스스로 칼산지옥을 기다리고 있는
것은 아닌지 주변을 더 면밀히 살펴야 할 것이다.

만약에 그렇다면 하루빨리 화해의 손을 내밀어 누군가의 예리한 칼날
이 내 심장을 향하지 않도록 미리 손을 써야 한다. 그 방법은 아주 간단
하다. 자기가 조금만 손해 본다고 생각하고 양보하면 된다.

아약향도산　我若向刀山
도산자최절　刀山自摧折

내가 가는 곳, 그곳이 비록 칼날이 산과 숲을 이루고 있더라도
그 칼날이 하루 아침에 녹아 내려
모두 사라질 수밖에 없는 힘을 가진 기도자,
즉 수행자가 되게 하소서.

뜨거운 고통

　　며칠 전부터 목이 따끔거리다가 콧물이 나고 몸이 더웠다가 추웠다 하면서 심한 몸살을 앓고 있다. 체질상 감기라는 반갑지 않은 손님이 자주 찾아오는 편이다. 어지간하면 참아주고 감기 바이러스가 나와 함께 지내는데 불편이 없도록 약도 잘 안 먹는다. 그래야 바이러스들도 좀 뭔가 먹을 것을 챙겨서 나갈 것이라는 생각에서다. 너무 오래 주저앉아 있으면 이제 그만 떠나 달라고 애원해보기도 한다.

　부실하기 짝이 없는 몸은 늘 약봉지와 친하다. 이렇게 가녀린 몸을 가지고 태어난 것도, 튼튼하고 건강한 몸을 가지고 태어나는 것도 저마다 전생의 업과 연관된 결과일 것이다.

　우리 몸에는 외부에서 침입해 오는 병원균, 즉 감기 전문 바이러스들이 200가지가 넘는다. 이를 방어해 주는 몸의 국방군이 바로 면역체계를 구축하고 총대를 메고 불철주야 지키는 백혈구의 세포다. 백혈구는 매우 중요한 역할을 하는 세포다.

그러나 그것들도 제 몸을 잘 관리하지 않으면 언제든지 무너지고 마는 허술한 방어벽인 셈이다. 특히 우리들과 아주 친하게 지내는 대표적인 감기 바이러스는 리노바이러스, 아데노 바이러스, 한동안 세계인들을 공포감에 떨게 했던 인플렌자 바이러스 등 수를 다 헤아릴 수 없다. 바이러스는 우리 몸에 침투하여 뼈마디 마디를 잘게 부셔놓을 듯이 아픈 고통을 선물한다. 아주 고약한 세균들이다. 어쩌면 이 같은 세균들을 성능 좋은 현미경으로 크게 확대해 보면 지옥에서 우르르 쫓아온 나찰들의 모습이 아닐까 싶다.

아무튼 감기는 한번 걸리면 온 몸이 불덩이처럼 뜨거워지는 것이 마치 화탕지옥의 고통을 겪는 것과 같다. 화탕지옥이란 생사람을 펄펄 끓는 가마솥 물에 삼계탕 삶듯이 삶아내는 지옥을 말한다. 상상만 해도 얼마나 가중되는 고통인지 알만하다.

그런데 이 같은 지옥을 변화시키는 힘이 우리에게 있다고 설파하신 분이 계시다. 다름 아닌 이산혜연 선사님이다. 그분께서는 "인간이 이 세상을 살면서 나와 남을 집착하여 얻어지는 병통과 심술과 욕심으로 망녕되이 허물 많은 삶을 사는 것을 청산하고 지혜로운 인생, 맑고 향기로운 인생을 설계하면서 살 수만 있다면 자신뿐만 아니라 타인의 화탕지옥의 고통도 쉽게 벗어나게 할 수 있다."고 했다.

짧은 말이지만 한번쯤 읊조릴만하다. 이것을 좀 현대적으로 풀이하면 "내 보리 마음을 내어 지극히 바라건데, 널리 이웃을 사랑하는 마음으로 온 정성을 담아 올린 지금 이 기도의 파워가 하늘에 닿아 몇 천도 이상으로 끓어 넘치는 화탕지옥의 가마솥 물을 순식간에 달콤한 감로수가 되도록 하며, 누구나 당장이라도 마실 수 있는 청량한 음료수로 변할 수 있게 하여 주소서."라고 할 수 있을 것이다.

보리의 마음은 바꾸어 말하면 지혜로운 삶이다. 그러나 우리들이 추구하고 있는 지혜로운 삶과 타인을 위해 조건 없이 정성을 다한다는 것이 생각보다 그리 쉽지는 않다. 또한 우리의 의지가 부족한 것도 숨길 수 없는 사실이다.

한번 생각해 보자. 길거리를 배회하는 노숙자를 만나서 그를 따뜻한 마음으로 대하는 게 지혜자의 태도다. 생면부지 처음 대하는 사람이라도 그를 위해 우동 한 그릇이라도 대접해야겠다는 소박한 인간애가 사랑이다. 상대편이 현재 처한 상항을 진심으로 이해하려는 마음이 지혜다.

그러나 가진 사람들이 노숙자를 보는 시각은 조금 다르다. 왜 복지 대책이 이토록 허술한가부터 따지려 든다. 그리고 지저분한 노숙자들이 길거리를 배회하는 일이 없도록 단속하지 못하는 문제를 지적하고 불쾌해 한다. 누구나 공감하는 합리적인 사고지만 지금 이 순간 당장 그 같은 마음을 내는 것은 급선무가 아니다.

사랑이 메마른 사람은 다분히 이성적이다. 타인의 불행을 보는 시각이 냉정하다. 감정이 메마른 사람에게 무엇을 기대할 수 있겠는가.

화탕이란 펄펄 끓는 물이다. 매 순간 직장에서 학교에서 거리에서 버럭버럭 화를 내고 제 잘난 목소리 높이며 얼굴에 핏대 세우는 사람들은 지금 곧바로 화탕지옥에 빠져 들어가고 있는 것이다. 조금만 참아주면 순조롭게 일이 진행될 터인데 당장 지구가 멸망의 사단이라도 날 것처럼 야단들을 떨고 있다. 그리고는 곧 후회한다.

화탕지옥을 현실의 삶에서 돌아보면 사소한 일에서 비롯됨을 알 수 있다. 아파트 층간 소음으로 인하여 이웃 사이에 주먹이 오고 가는 말세적 현상이 안타깝다. 거리마다 품위 없이 민망한 멱살잡이가 벌어지는 가장 흔한 경우가 주차 문제 실랑이다. 옆에서 구경하다 보면 너와 내가 화탕지옥에 같이 빠져 죽자고 덤비는 세상이 되었다. 답답한 일이다.

불교에서 첫째로 경계하는 것이 탐욕스러운 마음이다. 그 다음이 지독한 죄악의 밑천으로 삼는 화내는 마음이다. 화탕지옥은 무엇보다 너그럽지 못한 마음, 자애롭지 못한 마음에서 비롯된다. 현대인들이 가장 쉽게 화탕지옥에 빠지는 예를 들자면 문제가 빨리 해결되지 않을 때 화를 내는 경우다. 하고 싶은 말을 참으면 화가 난다. 또 자기가 마음 먹은 대로 당장 이루지 못하면 화가 머리 끝까지 치민다.

　그냥 이래저래 매순간 열불이 나서 화탕지옥을 들락거리는 사람들이 지천으로 널려 있다. 그들에게 꼭 필요한 명약이 인욕바라밀의 지혜이다. 하루를 참으면 열흘이 편안하고 한 순간을 참아내지 못하면 평생을 후회한다.

아약향화탕　我若向火湯
화탕자소멸　火湯自消滅
아약향지옥　我若向地獄
지옥자고갈　地獄自枯渴

내가 참고 인욕하는 오늘은 가는 곳마다 펄펄 끓기만한
이웃들의 화를 누그러뜨리는 미소를 가지게 하자.
이 순간 이후부터 지옥과도 같은
갈등, 원망, 미움, 저주, 분노 등의 마음에서부터
시작되는 지옥을,
일순간에 완전히 고갈되게 하고 소멸시켜 버리겠다고
마음 한번 고쳐 먹으면
곧 바로 상쾌한 아침이 열리리라.

지옥의 의미

신의 존재를 믿거나 부정하는 것은 개개인의 자유 의사다. 합리적 사고와 논리적 교육에 길들여진 사람들은 보이지 않는 것, 육신의 눈으로 확인할 수 없는 것은 쉽게 믿으려 하지 않는다. 과학적으로 충분한 검증이 이루어진 다음 증명되어진 것만을 사실로 받아들인다.

하지만 우리네 인간 군상의 살림살이는 다양한 욕구의 분수대 같아서 보이지 않는 무형의 가치를 더 높이 찬양하고 그것들에 가까이 접할 수 있기를 간절히 원하는 사람들도 있다. 대체로 신앙을 가진 사람들이 그렇다. 실제로 신을 만나거나 체험해 본 적은 없지만 그들에게 있어서 불신은 상상할 수조차 없는 일이다.

가끔 꿈속에서 또는 환상이나 환영으로 신을 보았다고 말하는 사람도 있다. 그것은 다른 사람과는 함께 경험할 수 없는 개인의 정신적 체험이다. 무시무시한 칼날 위에 올라서서 자신도 감당할 수 없는 무의식 세계에 빠져 껑충껑충 춤을 추며 신내림굿을 하는 무속인들의 모습도 강한 믿음의 결과물이다.

일부 특정 종교에서는 보이지 않는 절대신이 존재한다고 철석같이 믿고 또 그 신이 명령하는 성스러운 말씀에 순종하는 것만이 절대 믿음의 방법이라고도 한다. 신에 대한 맹목적 매달림의 신앙을 가진 사람들은 때로는 매우 호전적일 수 있기 때문에 위험한 집단 이기주의자들이기도 하다. 그들의 말을 빌리면 보이는 것만이 진실의 전부일 수는 없다는 지론이다.

다분히 관념적이며 추상적 영역일 수밖에 없음에도 신을 믿는 척도가 무조건적이어야 한다는 논리다. 단순히 신이 있다, 없다의 문제가 아니다. 독일 사상가 니체의 말처럼 신은 죽었다고 부정할 수만은 없는 일이다. 그러나 신의 노예와 같은 종교 생활은 좀 곤란하다.

때때로 세계 곳곳에서 해외토픽으로 들려오는 이야기 가운데 상식으로 이해될 수 없는 불가사의한 일들이 실제로 일어나기도 한다. 어쩌면 신에 대한 존재를 완전 무시할 수 없는 이유가 아닌가 싶기도 하다. 그러나 천국과 지옥이라는 곳도 역시 신이라는 부재와 함께 묶어서 의문을 던지는 사람들도 있을 수 있다.

종교를 믿지 않는 사람들은 일부 종교가들이 지어낸 말장난이거나 사회 집단을 통제하려는 다수의 타협된 수단으로 보는 이도 있다. 다시 말해 균형 있는 도덕적, 사회 윤리적 규범의 가치를 극대화하고 자칫 일어날지 모르는 비윤리적 분쟁의 혼돈을 극복하기 위한 방법으로 권선징악의 협박성 경향이 다분한 표현의 일부가 아닐까 하고 추론해 보는 것이다.

그렇다고 하더라도 천당과 지옥은 인간에게 있어 취사 선택을 강요하는 어떤 것임에는 틀림이 없다. 천당이나 극락이라고 하는 곳이야 늘 즐겁고 행복하고 평화로운 세계일 수밖에 없지만 지옥이란 그렇게 단순하지가 않다.

지옥의 종류도 셀 수 없이 많다. 그중 몇몇 지옥을 열거해 보자. 살아서 고통 받는 생지옥부터 도산지옥(일명 칼산지옥), 화탕지옥(용광로처럼 수천 도의 물이 끓는 곳), 발설지옥(혓바닥을 잘게 썰어내는 곳), 독사지옥(맹독을 가진 독사들이 우글거리는 동굴), 대애지옥(사람을 맷돌 같은 것에 넣고 갈아버리는 곳), 철상지옥(온 몸을 대못으로 수 천 군데를 찔러대는 곳), 거해지옥(중요 부위만 반복적으로 잘라내는 곳), 흑암지옥(몇 천년이 흘러도 빛이 들어오지 않는 지하 감옥 같은 음습한 곳), 무간지옥(단 1초의 간격도 허락하지 않는 고통이 연속적으로 반복되는 곳) 등이다.

지옥은 위에서 열거한 간판을 내다 걸고 지금도 성업 중이다. 이밖에도 더 있지만 너무 끔찍해서 다 열거할 수가 없다.

불교 초심자들이 배우는 『발심수행장』을 보면, "천당문은 한없이 넓고 큰 데도 들어가는 사람이 몇 안 되고 지옥문은 좁고 협소한 길인 데도 꾸역꾸역 밀려들어 언제나 만원 사례를 이룬다."고 했다.

천당과 지옥을 비교하는 재미있는 설화도 있다. 어떤 사람이 천당과 지옥이 어떻게 생겼는지 궁금하여 신통을 부려 그곳을 여행했다고 한다. 그의 천당과 지옥 여행에 의하면 지옥이나 천당이나 똑같이 식사 시간이 있는데, 두 곳 모두 누구에게나 1미터가 넘는 긴 숟가락을 하나씩 주어서 밥을 먹게 하고 있었다. 그런데 지옥에서는 사람들이 그렇게 긴 숟가락을 들고 제 입에 넣으려고 안간힘을 써 보지만 한 숟가락도 제 입 근처에도 가져가지 못하고 굶주림에 허덕이고 있었다. 하지만 천당의 사람들은 긴 숟가락에 밥을 퍼서 상대편 입에다 떠 넣어 주는 수월한 방법으로 밥을 먹으며 즐겁게 웃고 있더라는 것이다.

이와 같은 우화를 듣노라면 지옥은 별천지 다른 세상에 있는 것이 아니라 바로 지금 우리가 살고 있는 이 사바세계가 아닌가 하는 생각이 든다. 자기만 알고 제 식구밖에 모르는 욕심 많은 사람들의 마음 안에서 일어나는 끝없는 갈증과도 같은 탐욕의 편린들이 아귀 지옥고의 경험이 아닐까.

아약향아귀　我若向餓鬼
아귀자포만　餓鬼自飽滿
아약향수라　我若向修羅
악심자조복　惡心自調伏

내 이제 오늘에야 알았네.
아무리 많이 가져도 굶주린 늪을
빠져 나올 방법이 없다는 것을…
그래서 아주 작은 것에도 충분히 만족하는 삶이라야
늘 포만감으로 행복할 수 있다는 것을…
끝도 없이 추구하는 욕망의 노예가 되어
상대가 누구든 나에겐 오로지
적으로만 보였던 어리석은 눈과

악한 마음 투성이 스스로 항복하여
백기를 들도록 힘쓰리라 다짐한다.

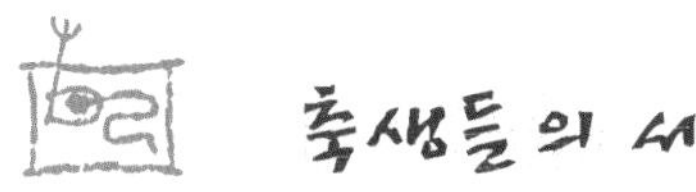

축생들의 세상

중국 사천성 쪽으로 여행을 해 본 사람들은 다들 귀동냥으로 들어서 알 것이다. 현지 가이드의 말에 의하면 다리가 네 개 달린 것 가운데 인간이 먹을 수 없는 것은 책상다리와 걸상다리 뿐이라고 한다. 그것 빼고는 몽땅 맛있는 요리의 재료로 쓸 수 있다고 했다. 생명 있는 것이면 그것이 무엇이든 닥치는 대로 먹거리의 대상으로 삼는다는 뜻이다.

날아다니는 새로부터 기어다니는 동물들, 땅속의 벌레들까지도 그들의 눈에는 그 모두가 침이 넘어가는 식재료다. 무서운 살생의 파노라마 현장이다. 심지어는 말로는 표현이 불가능한 음식도 내놓을 수 있다고 한다.

반대로 인도라는 나라를 여행하다 보면 길거리마다 늙은 소들이 어슬렁거리고 있고 심지어는 차들이 다니는 번화한 교통로에도 소들이 버티고 앉아 비켜주지 않는다. 참 대단한 인내심을 가진 나라다. 그뿐만이 아니다. 아무렇게나 버려진 유기견들이 때가 꾀죄죄한 모습으로 쓰레기통을 뒤지거나 비실비실 골목길을 배회하고 있다.

한편에는 그것들이 흘려놓은 오물들이 여기저기에 지천으로 널려 있다. 어떤 사원은 각종 병원균이 온 몸에 득실거리고 있을 쥐들의 천국이기도 하다. 한술 더하여 그 쥐떼들이 잘 먹고 자랄 수 있도록 매 끼니마다 맛있는 우유에 쌀밥을 내어 주는 친절한 금자씨도 있었다. 쥐들이 한두 마리가 아니고 떼로 몰려다니며 피둥피둥 살이 쪄서 뒤뚱거리는 모양이라니, 과연 진기 명기다.

이로 보면 어떤 생명으로 태어나든 부모를 선택하는 것만큼이나 어떤 나라에 태어나느냐도 중요한 문제가 아닐 수 없다. 한쪽은 잔인하리 만큼 축생들의 생명을 가벼이 여기고 살생의 죄의식조차 없이 단순한 먹이감 내지 음식물 이상으로는 생각하지 않고 있는데, 다른 한쪽은 축생조차도 지나치리 만큼 경배하는 생명 존중의 세계관을 갖고 있는 것이다.

그들의 주장은 다음 생에 저들 소나 개처럼 태어나지 않으려면 소나 개 따위의 축생들을 조상님 모시듯 모셔야 한다고 주장한다. 할 말을 잊었다. 인도라는 나라를 폄훼하려는 생각에서가 아니라 나라마다 전통과 문화가 다르듯 그들의 별난 동물 사랑은 참으로 눈물겹기까지 하다.

도무지 이해할 수 없는 것은 동물에 대한 숭배는 그렇게들 유별나게 하면서 또 한편으로는 전통적인 폐습인 신분 차별제도를 오늘날까지도 잔존시키고 있다는 것이다. 물론 요즈음은 많이 개선되어 신분제도의 철폐가 이루어지고는 있다고는 하지만 아직도 인도의 오지 마을들을 가다 보면, 사성제라고 말하는 전통적 카스트 제도가 아직도 횡행하고 있다.

횡행이라고 말하는 것은 그들 계급 사회적 갈등이 상상을 넘기 때문이다. 카스트는 우리나라 조선 오백 년간 이어져 오던 사·농·공·상의 신분 차별처럼 인도식 양반과 상놈의 차별제도이다. 흘러간 시대의 유물인 카스트 제도에 묶여 있는 귀족과 천민 계급의 차별은 사람을 사람으로 보지 않고 마치 축생을 대하듯 한다. 특히 브라만(제사의식을 담당하는 수행자), 크샤트리아(정치, 군사를 담당하는 왕족 계급), 바이샤(세금 내고 농사 짓고 상업하고 기술 있는 자들), 수드라(노예 취급을 받는 사람들) 이렇게 네 가지로 나뉜 채 평생 동안 멍에처럼 지고 가야할 딱지는 죽어서야 비로소 떨어지는 무서운 인권 박탈의 한 형태이다.

그중에서도 최하층 신분인 수드라 계급을 가진 사람들을 일러 불가촉천민이라고도 부른다. 얼마나 괄시가 심하면 그들과 접촉하는 자체부터를 불결하다고 생각한다니 가히 상상하기조차 어려운 일이 아닐 수 없다. 참으로 인간이 행하는 폭력 중에서도 가장 무서운 것이 상대에 대한 노골적인 멸시다. 제 아무리 능력 있고 잘난 사람도 그들의 계급의 서열

앞에서는 무시와 경멸의 대상이 되어주어야 하는 것이 신분제인 것이다. 이렇듯 사성제의 유습은 아직까지도 그들 천민들의 삶을 형편없이 피폐화시키고 있다.

소나 개 따위들이 어슬렁거리며 길거리를 아무렇게나 배회하는 것은 허용하면서도, 수드라 계급의 사람들과는 결혼은 물론 접촉마저 할 수 없게 만드는 유습을 어떻게 받아들여야 할까. 교육 균등의 기회마저도 쉽게 허용되지 않아 천민의 자녀들은 90%가 문맹인으로 살아가고 있다. 만약 천민의 자식이 초등교육을 받으려 학교에 입학하면 학교의 학부형들이 떼를 지어 몰려와 데모를 하고 난동을 부리기 때문에 학교에서도 정상적인 수업을 할 수가 없다고 한다.

이와 같은 양극의 모순은 설명하기조차 난해하다. 생명을 가진 것은 모두 평등하다는 여래의 진리를 떠올리면 씁쓸한 마음을 털어버릴 수가 없다. 얼마나 불가촉천민을 멸시하는가를 보자. 예를 들어 높은 신분의 집에 일을 하러 간 노예에게 점심을 내어주는 장면을 상상하면 된다. 장대비가 쏟아지는 문밖에다 개 밥그릇처럼 찌그러진 그릇에 이것저것 먹을 것을 담아 내준다. 어찌 천민 주제에 귀족의 집안으로 발을 들여 놓을 수 있느냐는 것이다.

해도 해도 너무한다는 생각이 들지만 천만 다행스러운 것은 노예 신분의 사람들은 화를 내기는커녕 스스로 그와 같은 처우가 당연하다고 여기는 것이다. 그들은 전생에 잘못 살아온 인연으로 인하여 오늘 이런 대접을 받기 때문에 지금부터라도 누구를 원망하거나 미워하지 않으면 반드시 귀족으로 다시 태어날 수 있다고 믿고 있다.

내생의 행복을 약속받은 몸이니 이 세상에서는 아무렇게나 대접해 주어도 좋다는 숙명적 심성이 처연하면서도 고맙게만 느껴질 뿐이다. 그렇다고 내생을 잘살기 위해서라면 이생을 아무렇게나 살아도 된다거나 오늘 누구에겐가 인격적으로나 물리적으로 부당하게 착취당해도 좋다는 말은 아니다.

어쩌면 전생이나 내생이라는 전제가 마치 불교 교리인 양 착각하고 있는데 바로 알아야 할 것은, 부처님의 가르침은 오늘 이 순간 얼마나 값진 삶을 지향하느냐에 달려있다고 했다. 오늘이 즐겁지 않은데 내일이 즐겁고 행복하리라는 보장은 없다.

지금 당장 여기 이 순간에 행복할 수 있어야 한다. 이를 위해서는 우리들의 마음 안에서 허깨비처럼 매 순간 장난치고 있는 짐승만도 못한 생각들을 몰아내려는 마음의 일일 점검과 수련의 노력이 필요하다.

아약향축생 我若向畜生

자득대지혜 自得大智慧

내가 이제 축생들을 향하여

그들의 영혼을 맑게 해 주는 기도를 할 것입니다.

그들 스스로가 지혜의 눈을 열어

다시는 고통스러운 축생의 업을 받지 않게 하소서.

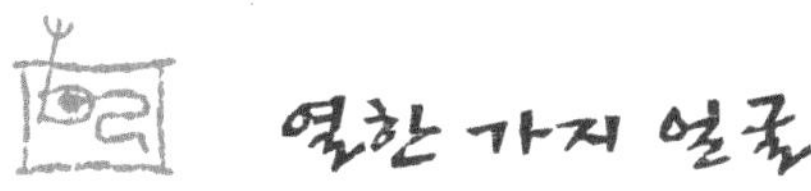

열한 가지 얼굴

법정 스님께서 창건하신 길상사라는 절이 있다. 이 절은 처음부터 부처님을 모시는 사찰로 창건된 것이 아니다. 본래는 70년대 권력을 가진 자들이 뒷방 정치를 모의하던 대원각이라는 요릿집이었다. 이른바 요정이라 불리는 고급 한식 요릿집이다. 그 같은 요릿집이 갑자기 사찰로 변하게 된 데는 이유가 있다.

대원각을 운영하던 길상화 보살(김영한 여사)님이 1996년 6월 평소 자신이 존경하던 법정 스님에게 아무런 조건 없이 무상으로 시주한 것이 길상사라는 절이 창건하게 된 동기다. 혹자는 시중의 시가로 1천억대가 넘는 땅이라고 한다. 숫자에 밝은 사람들의 계산으로는 천문학적 돈이라고 여겨질 수도 있다. 하지만 수행자의 입장에서는 천 억, 만 억의 액수가 그렇게 중요하지가 않다. 오직 시주자 길상화 보살님의 지극한 불심과 노블리스 오블리제의 정신, 즉 자신의 전 재산을 사회에 환원하겠다는 마음이 더 아름답고 거룩한 일이라고 칭찬하고 싶다.

오늘날 외국의 사례에 비하면 우리나라에서는 가진 자들의 욕심은 끝이 없고 물질적으로 여유 있는 사람들이 더 인색한 것 같다. 가진 자가 힘써야 할 사회적 나눔의 소명의식이 결여된 냉혹한 현실이 안타까울 뿐이다. 길상화 보살님 같이 마음이 향기롭고 따뜻한 분들이 많은 나라가 살기 좋은 나라일 것이다.

길상사에 들어가면 특별히 참배객들의 눈에 띄는 조각 입상 하나가 있다. 돌로 섬세하게 다듬어 잘 모셔진 관세음보살님 상이다. 이 보살상을 조각한 사람 역시 특별하다. 대다수 사찰의 불상 조각은 불심 깊은 불모라고 하는 불교문화재 전문인들에 의해서 조성되는 것이 일반적인 예다. 하지만 길상사 석조 관세음보살님은 천주교 신자인 조각가 최종태 씨가 심혈을 기울인 작품이다.

최종태 씨 역시 종교를 초월해서 법정 스님을 존경하던 사람이다. 그러한 인연으로 길상사에 모셔지게 되었다. 그런데 길상사 관세음보살님의 상호는 흔히 사찰에서 볼 수 있는 정형화된 관세음보살님의 모습이 아니다. 언뜻 보면 마치 성모마리아상을 닮은 듯한 모습이다.

절에다가 왜 성모마리아상을 모셨느냐고 의문을 가지는 사람들도 있다고 한다. 형상의 같음과 다름이 보는 사람에 따라 성모마리아상으로 볼 수도 있고 관세음보살상으로 볼 수도 있다. 그런 의미에서 똑같은 관세음보살님이면서도 중생의 근기에 따라 열한 가지 각기 다른 모습으로 나투시는 관세음보살님의 역할을 소개할까 한다.

　1. 나무관세음보살마하살

　관세음(觀世音)보살님 : 세상의 아프고 고통스러운 소리를 눈으로 보지 않고 마음으로 관(觀)하여 보시고 보살펴주는 님이 대표적인 관세음보살님이다.

　2. 나무대세지보살마하살

　대세지(大勢至)보살님 : 자칫 교만하기 쉬운 인간들의 마음 씀씀이를 바르게 교정해주고 일러주는 위엄의 상징 관세음보살님의 다른 이름이 대세지보살님이다.

　3. 나무천수보살마하살

　천수(千手)보살님 : 하고 많은 중생들의 손과 발이 되어 일일이 만져주고 구원해 주는 천만 억의 상징적 의미의 손을 가진 관세음보살님의 다른 명호다.

4. 나무여의륜보살마하살

여의륜(如意輪)보살님 : 사람마다 생각이 다르고 마음이 다르다. 그러나 이 보살님은 한결같이 똑같은 마음으로 중생을 위해 구원의 수레를 끌어주는 관세음보살님이다.

5. 나무대륜보살마하살

대륜(大輪)보살님 : 크고 넓은 원력으로 모든 중생들을 한 수레에 태우고 고통의 땅을 건너게 해주는 관세음보살님이다.

6. 나무관자재보살마하살

관자재(觀自在)보살님 : 세상 사람들이 마음먹은 대로 도와주고 자유롭게 운용할 수 있는 능력을 가진 관세음보살님이다.

7. 나무정취보살마하살

정취(正趣)보살님: 불자의 양심에 비추어 바르지 못한 다른 길을 갈 때 올곧게 가는 길을 일러 주시는 관세음보살님이다.

8. 나무만월보살마하살

만월(滿月)보살님: 둥근 달처럼 원만한 세상을 구현하기 위해 큰 서원을 세운 관세음보살님이다.

9. 나무수월보살마하살

수월(水月)보살님 : 하늘에 떠 있는 달은 갠지스강에 비출 때나 해운대 바다를 비출 때나 똑같은 달빛을 내려 준다. 이와 같이 어느 곳에 있는 중생이든 차별 없이 보살펴주는 관세음보살님이다.

10. 나무군다리보살마하살

군다리(軍茶利)보살님: 군다리라는 단어는 범어다. 번역하면 감로병이다. 감로병은 인간이 가지는 다양한 요구가 마치 목마름과 같음을 의미한다. 이 감로병에서 나오는 물은 그들의 갈증을 해소해 준다. 군다리보살은 감로병을 들고 있는 관세음보살님의 또 다른 모습이다.

11. 나무십일면보살마하살

십일면(十日面)보살님 : 중생의 희로애락, 기쁘고 화나고 또는 웃고 우는 모습을 그들의 조건에 따라 응답함을 상징적으로 표현한 것이다. 다시 말해 열한 가지 모습을 머리에 이고 서 있는 관세음보살님이다.

나무제대보살마하살

그밖에도 42가지의 변화된 표정으로 인간 구제의 원을 세우신 모든 관세음보살님이라는 뜻을 담고 있다.

나무본사 아미타불

아미타불은 관세음보살님이 모셨던 관세음보살님의 스승님이다. 그래서 언제나 관세음보살님의 보관에는 아미타불이 모셔져 있다.

이상의 『천수경』을 염송하는 불자는 바로 관세음보살님과 같은 삶을 추구해야 하며 스스로 관세음보살화 되어야 한다. 이것이 곧 『천수경』 염송기도의 목적이며 의미이다.

관세음보살님 위신력으로 마음이 깨끗해졌네.
세상의 존귀함이 마음과 생활 속에 늘 함께 하네.

제 5 장
물을 뿌리며

진언의 힘

물을 뿌리며

나의 현주소

진언의 힘

신묘장구대다라니

「나모라 다나다라 야야」
거룩한 님에게 의지하려 합니다.

「나막알야 바로기제 새바라야 모지사다바야 마하사다바야
마하가로 니가야」
성스러운 관자재보살 마하살님
당신의 대자대비한 마음에 의지하렵니다.

「옴 살바 바예수 다라나 가라야 다사명 나막 가리다바 이맘
알야 바로기제 새바라 다바」
　오! 일체의 두려움으로부터 나를 구원해주실 거룩하신 이여,

관세음보살 당신께 의지하렵니다.
언제라도 당신의 위대하신 신통력으로
나를 구원해 주시려 나타나실 것을 믿습니다.

「니라칸다 나막 하리나야 마발다 이사미」
늘 푸른 관세음보살님의 신비로운 노래와
그 뿌리의 깊이를 생각하며 의지하렵니다.

「살발타 사다남 수반 아예염 살바보다남 바바말아 미수다감
다냐타」
세상의 모든 목적을 다 이루시고
감히 어떠한(정영) 장애물도
당신을 이길 수는 없을 것입니다.
당신의 길과 당신의 삶은 오직 맑고 향기롭기만 합니다.

「옴 아로계 아로가 마지로가 지가란제 혜혜 하례」
오! 아름다운 빛이시여, 모든 것을 초월하신
관세음보살님 당신은 영원한 성자이십니다.

「마하모지 사다바 사마라 사마라 하리나야」
넓고 크신 보살의 마음으로 저의 간절한 노래를 들어 주소서.
기억해 주소서.

「구로 구로 갈마 사다야 사다야 도로도로 미연제 마하 미연
제 다라다라」
저의 무거운 죄업을 녹여 주소서.
제가 지은 수많은 죄업을
온전히 스스로 소멸하여 이루게 하소서.
오! 거룩한 승리자시여,
위대한 자비시여, 저를 보호하소서.
저 많은 악한 것으로부터
지켜 주시길 간절히 소원하옵나이다.

「다린 나례 새바라 자라자라」
이 땅의 주인이신 자재존이시여,
어서 빨리 용기와 희망으로 일어서게 하소서.

「마라 미마라 아마라 몰제 예혜혜」

더럽고 추악한 것에 물들지 않으시고
언제나 맑고 향기롭기만 한 님이시여,
어서어서 이 땅에 오소서.

「로계 새바라 라아미사미 나사야 나베 사미사미 나사야 모하
자라 미사미 나사야 호로 호로 마라호로 하례」
세상에 주인이시여,
저의 악독한 탐욕의 마음을 자라지 않게 하소서.
지독히 사나운 마음을 다스리게 하소서.
미혹에 빠진 바보 같은 마음을 일깨워 주소서.
거듭 간절히 바라옵니다.
거두어 주소서.
더럽고 추악한 번뇌 망상을 모두 제거해 주소서.

「바나마 나바 사라사라 시리시리 소로소로 못쟈못쟈 모다야
모다야」
연꽃처럼 아름답기만 한 당신의 마음이
저희에게 흘러내려 세상의 모든 근심으로부터
자유롭게 하시고 깨달아 알게 하옵소서.

자비로운 사랑에 눈뜨게 하옵소서.

「매다리야 니라간타 가마사 날사남 바라 하리나야 마낙 사바하」
자비의 사랑 가득하신 맑고 맑은 관음존이시여,
희망을 바라는 자에게 희망을 주시고
세상 누구라도 당신과 함께
기쁨을 이루고 나누게 하시는 님이시여,
늘 당신을 공경하는 마음을 잃지 않을 것입니다.

「싣다야 사바하」
성취하신 분이시여,
저희도 당신처럼 이루게 하소서.

「마하 싣다야 사바하」
그 크신 사랑으로 이루게 하소서.
성취케 하소서.

「싣다 유예 새바라야 사바하」
자유로운 신통의 세계를 이루신 당신처럼 꼭 성취케 하소서.

「니라칸타야 사바하」
거울처럼 맑고 깨끗한 님이시여,
저희도 님처럼 그렇게 살게 하소서.

「바라하 목카 싱하목카야 사바하」
돼지처럼 넉넉하고 사자처럼 용감한 님이시여,
저의 소원을 꼭 이루게 하소서.

「바나마 하따야 사바하」
연꽃을 가슴에 안으신 관세음보살님이시여,
저의 소원을 이루게 하소서.

「자가라 욕다야 사바하」
큰 수레바퀴를 들고 서 있는 늠름한 전투 용사처럼
힘이 넘치는 님이시여,
당신의 힘으로 소원을 성취케 하소서.

「상카섭나네 모다나야 사바하」
진리의 나팔소리 널리 퍼지게 하는

님의 행진처럼 앞으로 나아가게 하소서.

「마하라 구타 다라야 사바하」
큰 몽둥이를 가진 장수처럼 용맹스러운 님이시여,
저의 소원을 들어 주소서.

「바마사간타 니사 시체다 가릿나 이나야 사바하」
검은 색 천으로 왼쪽 어깨를 덮으신 거룩한 성자시여,
나의 소원을 들어 주소서.

「먀가라 잘마 이바 사나야 사바하」
무서운 호랑이처럼 날쌘 모습을 하신 님이시여,
저의 소원을 들어 주소서.

「나모라 다나다라 야야 나막알야 바로기제 새바라야 사바하」
보배로운 불법승 삼보님께 돌아가 의지하렵니다.
성스럽고 거룩하신 관세음보살님께 돌아가 의지하려 합니다.
자비로이 거두어 주소서.

물을 뿌리며

동서남북의 방위란 지구의 남극과 북극의 자전과 공전의 주기에 따라서 지구의 위도를 측정하는 방법이라고 할 수 있을 것이다. 그러나 우주적인 세계관으로 본다면 단순히 지구라는 땅도 광대무변한 은하계를 수놓고 있는 그 흔한 별 중의 하나라고 보아야 할 것이다. 그러므로 동서남북으로 나눈다는 것 자체에 그렇게 큰 의미를 둘 것은 없다. 다만 자신이 서 있는 현재의 자리에서 내 삶의 주변 인연들이 나로 인하여 정신적 물리적으로 오염되지는 않았는지 살펴봐야 할 것이다. 자신에게는 너그러우면서도 남에게는 인색한 모습으로 살아가는 것은 아닌지 살펴보라는 의미에서 『천수경』은 사방찬이라는 게송으로 경책하고 있다.

특히 여기에서 사방에 물을 뿌린다고 하는 점을 놓쳐서는 안 된다. 물이란 무엇인가. 물은 인간뿐만 아니라 모든 생명을 길러내는 원천이다.

또 아무리 더렵혀진 물건이라 해도 깨끗이 씻어내는 것이 물의 속성이다. 다시 말하면 재생 가능하게 하는 것이 물의 효용가치이다.

허준의 〈동의보감〉에서는 물의 종류를 34가지로 분류하여 그 물의 성질에 따라 약효가 더하고 덜하다고 주장하고 있다. 그중 제일 좋은 물은 이른 아침 첫새벽에 길어온 물이다. 그것을 정화수라고 한다. 물론 약을 달이는데 필요로 하는 물로서 첫 번째를 꼽는다.

지난 시절 우리네 할머니나 어머니들이 먼 타향 객지에 나가 있는 자식들의 건강과 안녕을 빌기 위해 정성을 다한 모습으로 장독대나 부뚜막에 올려놓고 두 손을 모우는 의식을 하는데 사용한 물이 바로 첫 새벽의 정화수다. 더러는 샤머니즘의 한 형태라고 치부하지만 모정의 간절함이 배어 나오는 기도는 반드시 기성 종교의 틀에서만 가능하다는 생각은 오만이다.

두 번째 좋은 물은 바위 틈에서 솟아오르는 한천수다. 세 번째는 국화꽃이 흐드러지게 피어 있는 산골짜기에서 흘러내려 졸졸 실개천을 타고 내려온 국화수다.

요즈음처럼 1급수, 2급수 하듯이 물에도 34가지의 등급이 있었다. 물의 덕을 배우라는 옛 사람들의 지혜가 여기에서도 드러난다. 세상의 모든 것들이 높이 더 높이 위로만 올라가려는 욕망의 덫에 걸려서 산다면 물은 아래로만 흐르는 겸허한 몸가짐을 배우게 한다. 아무런 조건 없이 대지를 촉촉이 적시어 뭇 생명들을 길러내는 사랑다운 사랑을 일깨워 주는 것이 물이다.

물처럼 조건 없이 많은 것을 내어주는 인심 좋은 것도 없다. 이 같은 물을 동쪽을 향해서 한번 흩뿌린 물의 세례로 그곳의 모든 더러운 것들이 깨끗해지기를 바란다. 남쪽으로 뿌려진 물은 청량한 기운이 감도는 환경으로 변하기를 원한다.

역시 서쪽에 뿌려진 물의 기운은 오늘날 이 땅에서 극락세계와 같은 즐거움만이 가득하고 근심 걱정이 떠나버린 행복한 세상을 구현해 보자고 소원한다. 북쪽으로 뿌려진 물은 몸과 마음이 건강하기를 바라며 또한 편안한 휴식의 시간을 추구한다.

이처럼 사방에 물을 뿌리는 것은 기원을 하는 의미가 담겨 있다. 그동안 우리는 알게 모르게 누추하고 보잘것없는 재주로 주변을 오염시켜 왔는지도 모른다.

『천수경』의 사방찬은 이런 의미에서 본다면 자신을 새롭게 단정하고 가지런하게 정돈하겠노라는 의미를 담고 있는 것이다. 본디 물을 사용해서 씻는 행위는 더럽고 누추한 곳을 닦아내고 씻어내는데 일차적 목적이 있다. 집안 청소도 마찬가지다. 너절하게 어질러진 방안을 정돈하고 깨끗하게 걸레질을 하고 나면 왠지 모르게 마음이 개운한 느낌을 받는다.

겨우 걸레질 한번으로도 기분의 상쾌함을 맛볼 수 있다. 그런데 왜 사람들은 오욕락에 찌들어 꾀죄죄하게 때가 낀 자신들의 마음은 씻어내려 노력하지 않는 것일까. 아마도 스스로가 그렇게 더렵혀진 영혼이라고 생각하지 않기 때문에 그럴 필요를 느끼지 못하는지도 모른다.

흔히 마음을 티끌 한 점 없이 깨끗한 거울에 비유한다. 그 마음의 거울이 자신을 비출 수조차 없을 만큼 형편없이 때가 낀 상태로 방치되어 있다면 문제는 심각하다. 제 심성의 얼굴에 묻어 있는 추악한 이물질을 볼 수 없는 거울은 내다 버려야할 쓸모없는 물건이다.

정말 그렇게 된다면 너무나 슬프고도 안타까운 일이이리라. 마음도 없는 허수아비가 떠돌아다닐 테니까 말이다. 마치 운전수가 없는 자동차가 저 혼자 도로를 질주하는 것처럼 흉폭한 형상만 남게 될 것이다.

사방찬을 외우며 마음 구석구석에 오랫동안 찌들어 있는 묶은 때를 씻어내기에 게을리하지 말아야 할 것이다.

사방찬 四方讚

일쇄동방결도량   一灑東方潔道場
이쇄남방득청량   二灑南方得淸凉
삼쇄서방구정토   三灑西方俱淨土
사쇄북방영안강   四灑北方永安康

동쪽 향해 한번 흩뿌린 물의 세례
그곳 모든 더러운 것들이 깨끗해지기를 바라네.
남쪽 향해 한번 흩뿌린 물의 세례
청량한 기운이 감도는 환경으로 변하기 원하네.
서쪽 향해 한번 흩뿌린 물의 기운 이 땅에서
극락세계와 같은 즐거움만이 가득하고
근심 걱정이 떠나버린 행복한 세상 구현하길 소원하네.
북쪽 향해 한번 흩뿌린 물의 정성
몸과 마음이 건강하기를 바라며
편안한 휴식의 시간을 추구하네.

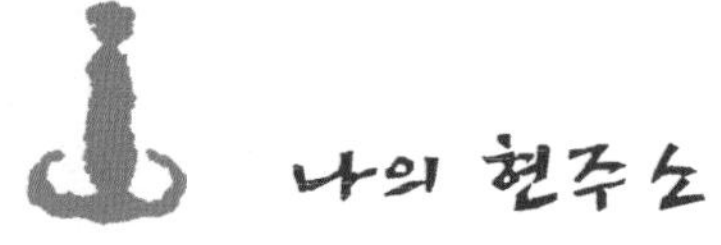
나의 현주소

　　『탈무드』라는 책에면 특이한 물건을 가진 삼형제 이
야기가 나온다. 그중에 제일 맏형은 천리를 볼 수 있는 망원경을 가지고
있고, 그 다음 둘째는 단숨에 천리를 날 수 있는 하늘을 나는 양탄자를
가지고 있었다. 마지막 막내는 죽은 사람도 살려낼 수 있는 신비한 사과
하나를 가지고 있었다.

　　하루는 삼형제가 등산을 하다가 어느 산 정상에 올라갔다. 맏형이 자
신이 가지고 있던 망원경을 자랑스럽게 꺼내서 멀리 산 아래를 내려다보
았다. 그런데 마침 저 아래 강가에서 이웃 나라 공주가 물에 빠져 허우적
거리는 것이 보였다.

　　"애들아, 큰일 났다. 저 아래 강가를 좀 봐. 어떤 여자가 강물에 떠내려
가고 있어."

　　형제들은 서로 다투어 형의 망원경을 돌려 보았다. 그러자 둘째가 말

했다.

"어서 빨리 내려가 저 여인을 구하자."

그리고는 자신이 가지고 있던 신비스러운 양탄자를 쭉 폈다. 삼형제가 서둘러 양탄자에 오르니 양탄자는 둥실 떠올라 하늘을 날기 시작했다. 그리고는 물에 빠져서 떠내려가는 여자를 구했다. 하지만 너무 오랫동안 물에 빠져 떠내려 오는 바람에 탈진 상태가 되어 그만 숨이 끊어지고 말았다.

여자를 강가로 데리고 나온 형제들은 참으로 난감했다. 기꺼이 달려와 구해 주었는데 그들의 노력에도 불구하고 여자는 숨을 거두고 만 것이다. 그러자 큰형이 말했다.

"막내야, 네가 가지고 있는 신비한 사과를 이 여자에게 먹여 보렴. 그러면 살아날 수도 있지 않겠니."

그러자 막내는 한참을 망설이다가 호주머니에 깊숙이 넣어둔 사과를 꺼내서 한입 베어 물고 꼭꼭 씹었다. 그리고 그녀의 입술을 벌려 사과즙을 밀어 넣었다. 그리고는 한참을 기다리자 여자가 깨어났다. 정말 신기한 일이었다.

그렇게 깨어난 여자는 자신의 신분이 이웃 나라 공주라는 사실을 밝히고 삼형제를 자기 나라로 데리고 갔다. 한편 공주가 실종된 것을 뒤늦게 알게 된 궁중에서는 공주를 찾는데 천만 금의 현상을 내걸고 야단법석을 떨고 있었다.

그러던 중 마침내 공주가 무사히 궁중으로 돌아오자 왕은 그들 삼형제를 융숭하게 대접하고 상금까지 두둑이 마련해 주었다. 그리고는 공주를 살려준 은공을 생각하여 삼형제 가운데 한 사람을 선택해 공주의 부마로 삼으려 했다. 그러자 삼형제는 서로 자기가 공주를 살리는 데 공이 큰 사람이라고 내세웠다.

첫째가 말했다.
"대왕이시여, 제가 만약 천리를 볼 수 있는 망원경을 가지고 있지 않았다면 어찌 위험에 빠진 공주를 발견할 수 있었겠습니까?"
그러자 한 치의 양보도 없이 둘째가 말했다.
"그렇지 않습니다. 만약 제가 순식간에 천리를 나는 양탄자를 가지고 있지 않았다면 물에 빠진 공주를 어떻게 건져 올렸겠습니까? 저야말로 가장 공이 큰 사람입니다."
이렇게 아름다운 공주를 두고 서로가 자신의 공로이 크며 공주의 부마가 될 자격이 있다고 우기는 사이, 막내는 가만히 웃고만 있었다.
그러자 왕의 옆에 있던 지혜로운 대신이 말했다.

"대왕님이시여, 제가 한 말씀 올리겠습니다. 아무래도 제가 보기에는 막내 공자가 가장 중요한 역할을 한 것 같사옵니다."

대왕은 그 말이 무슨 뜻인지 몰라 방금 말을 한 대신을 쳐다보았다. 그러자 지혜로운 대신이 다시 말했다.

"대왕이시여, 생각해 보십시오. 망원경을 가진 첫째 공자도 물론 큰 공을 세운 것은 맞습니다. 그러나 그는 아직 망원경을 가지고 있습니다. 둘째 공자 역시 양탄자를 그냥 그대로 가지고 있습니다. 그러나 막내 공자님은 자신이 가진 세상에 하나 밖에 없는 신비한 사과를 공주님의 목숨을 살리는 데 모두 써버렸습니다. 이제 그에게는 아무 것도 없습니다. 하여 막내 공자님에게 큰 상을 내리시는 뜻을 담아서 부마로 삼는 것이 옳은 일이라 사료 되옵니다."

그의 말을 듣고 있던 대왕은 크게 웃으며 말했다.

"그대의 말이 옳은 것 같으이. 가진 것을 모두 공주에게 주었으니 이제 나는 공주를 그에게 주는 것이 마땅한 것 같네."

그리하여 막내는 아름다운 공주의 부마가 되어 궁중에서 행복하게 살았다고 한다.

이 이야기와 마찬가지로 우리 또한 사랑을 하든 사업을 하든 심지어는 종교 수행을 하든, 자기가 가진 모든 것을 하나도 남김없이 다 내어 줄 수 있을 때 비로소 할 바를 다했다고 할 수 있을 것이다. 그 수단이 아름답고 목적한 바가 거룩하다면 궁극적으로 기도 성취는 다 이룬 것이다.

　신앙인으로서 내 양심의 현 주소는 어디에 위치해 있는가, 얼마나 오염되지 않고 깨끗한지 반성해 보아야 한다. 지금 하고 있는 이 기도가 모든 것을 다 걸고 하는 기도인가 되짚어 보자. 하늘의 선신(善神)들도 기쁘고 자비로운 마음으로 기꺼이 내게로 와서 기도에 응답을 하며, 내가 짊어진 무거운 짐을 내려놓을 수 있게 도와줄 것인가의 문제는 그 다음에 구할 일이다.

　도량청정무하예　　道場淸淨無瑕穢
　삼보천룡강차지　　三寶天龍降此地
　아금지송묘진언　　我今持誦妙眞言
　원사자비밀가호　　願賜慈悲密加護

관세음보살님 위신력으로 마음이 깨끗해졌네.
세상의 존귀함이 마음과 생활 속에 늘 함께하네.
관세음보살님의 불가사의한 힘으로
모든 일 이루게 하소서.

성내는 말로써 지은 모든 무거운 죄를
내가 오늘 참회합니다.

제 6 장
모든 생명 사랑하라

이솝우화의 교훈
시작은 참회로부터
모든 생명 사랑하라
양상군자의 교훈
짝에 대하여
침묵의 언어
아첨의 대가
자타카 이야기
냉혹한 직설
탐욕의 화신
화 잘 내는 핑기카
어리석은 여인

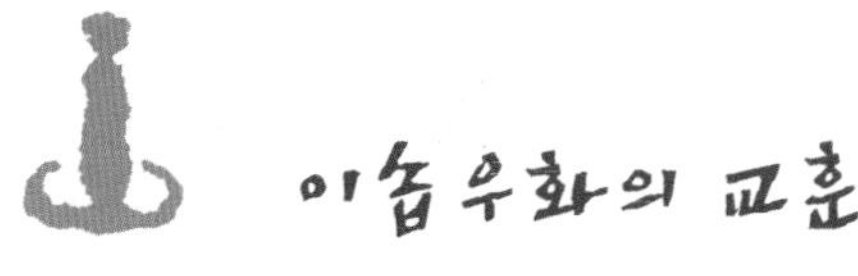

이솝우화의 교훈

어느 날 제우스 신이 세상의 모든 새들에게 날짜를 정하고 한자리에 모이게 하였다. 이유는 새들의 가장 우두머리 되는 왕을 지명하겠다는 것이었다. 정해진 날짜가 되자 천지 사방에 흩어져 있던 모든 새들이 저마다 가진 특기를 뽐내고자 모임 장소로 모여들기 시작했다.

그런데 그중에서 아주 욕심 많은 까마귀 한 마리가 있었다. 그는 제우스신이 면접을 볼 때 겉모양이 화려하고 아름다운 것을 선호할 것이라고 생각했다. 까마귀는 자기가 새들의 왕이 되어야겠다는 욕심에 잔꾀를 내었다.

새들이 모이는 장소로 향하던 중 마침 공작새 한 무리가 앞에서 걸어가고 있었다. 그러자 까마귀는 공작새들의 무리 뒤에 살금살금 따라가면서 공작새의 깃털을 하나씩 훔쳐서 제 몸에 붙이기 시작했다.

모임 장소에 거의 다다랐을 즈음 까마귀는 공작새보다 더 화려한 치장을 하게 되었다. 제우스 신은 그곳에 모인 모든 새들을 둘러보다가 검은색도 아니고 흰색도 아닌 여태껏 보지 못했던 새가 저만치에서 오는 것을 보고 누구냐고 물었다. 제우스 신이 묻는 갑작스러운 질문에 당황한 까마귀는, "저는 까공이라는 새올습니다"하고 대답했다.

제우스 신은 전혀 들어 보지 못한 새의 이름에 고개를 갸우뚱했다. 까마귀는 매우 만족스러운 표정을 지으며 속으로 생각했다. '아마도 신은 나를 왕으로 삼으려는 것이 틀림없다'고 여겼다. 그러나 까마귀는 자신의 변장을 눈치챌까 염려하여 설명을 덧붙였다.

"신이시여, 저의 이름은 까마귀의 지혜와 공작새의 아름다움을 고루 갖추었다 해서 까마귀 '까' 자와 공작새 '공' 자를 따서 까공이라 하였사옵니다."

그렇게 여러 새들을 돌아본 제우스 신은 마침내 까공이라는 새를 새들의 왕으로 삼겠다는 발표를 하기에 이른다. 그런데 이 같이 거짓으로 꾸며서 변장하고 나타난 까마귀를 보고 있던 바람의 신이 더 이상은 가증스러워 못 보아주겠다는 듯 바람을 훅 날려서 거짓으로 치장한 공작새의 깃털을 모두 날려 버렸다.

그러자 감추어진 까마귀의 실체가 낱낱이 드러나게 되었다. 마치 발가

벗은 임금님처럼 말이다. 모든 새들이 일제히 남의 깃털로 위장하고 으스대던 까마귀를 향해 비난을 퍼부었다. 까마귀는 비로소 자신이 왕이라는 권력에 눈이 멀어 엄청난 짓을 저지른 사실을 깨닫고는 한없이 부끄럽고 초라한 자신을 돌아보며 후회의 눈물을 흘렸다.

여기서 우리는 그것이 물욕이든 권력욕이든 탐욕을 목적으로 하는 정당하지 못한 수단이 얼마나 사람을 추악하게 만드는가를 배우게 된다. 그렇다. 악업(惡業)의 원천은 몸으로 짓지만 다시 그것을 입으로 변명하느라 또 다른 업을 짓는 결과물을 낳게 된다. 이를 일러 신구의(身口意) 삼업이라 한다. 그와 같은 행위를 부추기는 삼독심(三毒心)은 뱀이 또아리를 틀고 있듯이 우리들 마음 안에 도사리고 있다. 참으로 무서운 일이다.

탐욕이라고 하는 것은 사람을 끝없이 분노케 하고 어떤 것에도 만족하지 못하여 늘 불만이 가득한 채로 우리를 노예처럼 끌고 다닌다. 그것이 자신을 얼마나 고통스럽게 하는지 모른다. 모른다는 것은 곧 어리석음의 또 다른 모습이다. 그래서 탐진치(貪嗔痴)를 코부라의 맹독처럼 세 가지 독소라고 말하는 것이다.

이와 같은 일련의 연결 고리는 어디에서 비롯된 것일까. 오늘날 비관

적이기만 한 자신의 형편은 모두 자기로부터 원인이 제공되었다고 보면
된다. 흔히들 사람들은 조금만 무엇을 해도 남의 탓으로 돌리거나 남을
원망하기에 주저하지 않는다.

그렇지만 한번 생각해 보자. 빚보증을 잘못 서서 길거리에 나 앉은 것
도 자기의 잘못이며, 젊을 때 부지런하지 못한 것도 자기의 탓이며, 질
나쁜 친구를 만든 것도 좋지 않은 이웃과 만난 것도 스스로가 만들고 벌
여 놓은 일이다. 심지어 넉넉하지 못한 가정에 태어난 것도 자신의 선택
이다. 왜냐하면 이 세상에 오기 전 이미 그가 자기와 인연될 부모님에게
찾아가서 당신의 뱃속에 열 달만 있다가 나오게 해 달라고 애원해서 어
머니가 받아들인 것임을 알아야 한다. 그런 인과법을 모르는 요즈음 아
이들은 "왜 나를 낳았냐?"고 억지 떼를 쓴다.

불교적 윤회관으로 바라본다면 적반하장도 유분수다. 이와 같이 처음
부터 일체의 모든 출발은 그것이 행이든 불행이든 자신이 펼쳐 놓은 자
기의 작품이다. 그 누구도 아닌 바로 자신이 원인 제공자임을 안다면 어
떻게 함부로 남의 탓을 할 수 있겠는가.

그러므로 자신의 잘못을 인정하기 위해서는 악업과의 단절을 꾀해야

만 한다. 그러려면 우선 간절한 뉘우침이 선결되어야 한다. 다시 말해 참회의 시간을 먼저 가져야 한다.

그렇지 않다면 그것은 마치 수레를 끌고 가려는 자가 바퀴를 달지 않고 끄는 것처럼 바보 같은 짓이다. 어리석음은 또 다른 어리석음으로 이어진다. 어리석음을 반복하는 늪에서 빠져 나오면 바로 지혜로운 눈이 열리게 되어 있다. 어리석음은 빨리 떨쳐 낼 일이다. 너무 오래 어리석을 필요는 없다.

참회게　懺悔偈

아석소조제악업　我昔所造諸惡業
개유무시탐진치　皆由無始貪瞋癡
종신구의지소생　從身口意之所生
일체아금개참회　一切我今皆懺悔

내가 옛날부터 지은 모든 악업은
끝없이 오랜 옛날부터 지어온 삼독 때문이오니
삼업으로 인해 생긴 일체 모든 것들 이제 깊이 참회합니다.

시작은 참회로부터

이제 우리들의 부족한 원력으로 이루지 못한 다겁
생에 지은 두터운 죄업을 열두 분 부처님의 힘을 빌어 참회하자.

1. 나무참제업장보승장불　南無懺除業障寶勝藏佛
진귀한 보배를 창고 안에 가득 보유하고 계시는 부처님이시여,
우리들의 전생 빚을 탕감케 하여 주소서.

2. 보광왕화염조불　寶光王火簾照佛
어둡고 답답한 곳을 밝고 맑게 비추시는 부처님이시여,
저의 어두운 마음을 빛으로 구원하여 주옵소서.

3. 일체향화자재력왕불　一切香華自在力王佛
더럽고 누추한 지난 날의 저를 참회합니다.

당신의 원력의 힘으로 언제나 향기롭게 살게 하소서.

4. 백억항하사결정불 百億恒河沙決定佛
헤아릴 수 없이 많은 부처님들을 함께 모시고
오늘의 참회를 증명 받으려 하옵니다.

5. 진위덕불 振威德佛
참다운 공덕이 모두 부처님들께 있음을 믿습니다.
하루 빨리 부처님의 진위덕을 입게 하옵소서.

6. 금강견강소복괴산불 金綱堅强消伏壞散佛
굳건한 믿음으로 다시 태어나겠습니다.
죄업으로 쌓아놓은 저 산이 어서 무너지게 도와주시옵소서.

7. 보광월전묘음존왕불 寶光月殿 妙音尊王佛
보광월전의 지극히 미묘하고 아름다운 소리로
구원하시는 부처님이시여,
저희들도 그 같은 소리를 듣게 하옵소서.

8. 환희장마니보적불　歡喜藏摩尼寶積佛

마니의 보배구슬을 가지고

늘 중생들을 기쁘게 다독여 주시는 부처님이시여,

이제 환희의 세계로 나아가게 하시옵소서.

9. 무진향승왕불　無盡香勝王佛

숙명통의 눈으로 진리의 향기를

널리 퍼지게 하시는 부처님이시여,

과거 죄업을 참회합니다.

맑은 향기로 거듭나게 하소서.

10. 사자월불　獅子月佛

축생계를 떠돌다 지은 죄업도 너무 많사옵니다.

부디 저희를 불쌍히 여기사 구원의 눈으로 살피옵소서.

11. 환희장엄주왕불　歡喜莊嚴珠王佛

거룩한 보배 구슬로 장엄하신 부처님이시여,

당신은 우주 만물 중에 왕이십니다.

저희를 굽어 살피옵소서.

12. 제보당마니승광불 帝寶幢摩尼勝光佛

세상에 둘도 없는 보배의 깃발,

진리의 깃발을 들고 중생계를 비추시는

부처님의 빛, 자비 광명의 가피를 원하옵니다.

모든 부처님과 보살 성인 선신들에게 우리들의 기도 목적이 참회에 있음을 알렸다. 이제 무엇이 부족하겠는가. 지극한 기도로 서원이 이루어지기를 빌기만 하면 된다.

모든 생명 사랑하라

요즈음은 인터넷이 발달해서 어느 동네에서 누가 무엇을 하고 있는지도 알려고만 하면 단박에 알아낼 수 있는 편리하고 빠른 정보의 홍수 시대이다. 정보의 홍수라는 표현은 엘빈 토플러가 쓴 제 3의 물결에서 처음 등장한 용어이다. 홍수라는 표현에는 별로 알고 싶지도 않은 정보들도 친절하게 꾸역꾸역 알려준다는 거북함이 내포되어 있다.

적당량의 비가 내리는 것은 단비라고 할 수 있다. 하지만 필요 이상의 비는 홍수 사태다. 홍수는 곧 물이 주는 피해이자 고통일 수 있다. 그러므로 이와 같은 정보의 홍수 사태는 본의와는 상관없이 볼 것 안 볼 것 다 보게 되고 사정없이 두통에 시달리게 한다.

며칠 전에는 유투브를 통해서 어떤 젊은 여자가 고양이 한 마리를 발로 걷어차는 끔찍한 장면을 동영상을 통해서 보게 되었다. 이른바 동물 학대

영상이다. 그 일로 인하여 동물 애호가는 물론 동물보호단체, 일반 네티즌들까지 합세를 해서 그녀에게 저주 아닌 저주를 퍼부었다.

그런데 그 같은 동영상을 누가 찍어서 온 동네방네 소문을 내었는지, 동물을 학대하는 사람이나 그 같은 동영상을 찍어서 올린 사람이나 철없기는 똑같다는 생각이다. 그렇게 동물을 학대하는 사람이 있는가 하면 지나칠 정도로 도를 넘는 사람들의 동물 사랑도 참 유난스럽다.

집에서 기르는 애완동물의 종류도 다양하다. 과거에는 애완용 짐승이라 해봐야 혈통 좋은 강아지 한 마리 사다가 기르는 정도였다. 그것이 아니면 오리나 잉꼬, 앵무새, 십자매 같은 새 종류를 초롱에 담아서 문간 한 켠에 두어 기르거나 조그만 유리 항아리에 빨간색 금붕어 몇 마리 담아서 기르는 것이 전부였다.

요즈음은 고가의 러시아산 고양이부터 시작해서 도마뱀이나 악어, 카멜레온 같은 파충류, 심지어 대다수 사람들이 혐오하는 생쥐, 보기만 해도 소름 돋는 길이가 3미터는 되어 보이는 뱀까지도 한 방에서 자고 먹으며 애완용으로 기르고 있다고 한다. 더욱 재미있는 것은 개들만 다니는 커피숍에다 강아지 전용 미용실부터 강아지들을 위한 옷가게, 개들만 다니는 호텔도 있다고 하니 참으로 별나게들 애완용을 기르고 있다.

너무들 한다고 말하고 싶지 않다. 동물을 사랑하는 사람들의 취미생활이나 취향이라고 이해할 수도 있다. 다만 애완용 동물들을 사랑하는 방식이 문제다. 어떤 때는 최고의 대접을 해 주며 자신의 피붙이보다 더 애지중지한다.

그러나 아파트 같은 공동생활하는 공간에서는 이웃들의 간섭을 받지 않으려고 강아지가 소리 내어 짖거나 울지 못하게 성대를 수술해 주는 악독한 주인도 있다고 한다.

뿐만 아니라 강아지의 생리적 현상을 강제로 막기 위해 수놈 강아지의 생식기를 잘라 궁중 내시를 만들어 주는 친절까지도 베푼다니 가공할 만하다. 인간들의 생명에 대한 만행은 이뿐만이 아니다. 물론 자기가 기르던 동물을 죽을 때까지 보살펴주고 친구나 동반자처럼 대해 주는 이들도 없는 것은 아니다. 하지만 어떤 이들은 자기가 형편이 안 된다고 해서 자신과 함께 살아온 생명을 길바닥에다 아무렇게나 버리고 가는 무책임한 축들도 있다.

그렇게 하여 꾀죄죄한 모양을 해 가지고 길거리를 배회하는 유기견들이 이곳 저곳을 기웃거리며 먹을 것을 찾아 떠돌아다니다 로드킬 되거나 굶어 죽기도 한다.

이러한 동물들의 주인은 처음부터 동물을 사랑한 것이 아니다. 어쩌면 무료한 자신과 함께 놀아줄 잠깐의 장난감으로 여겼을지도 모른다. 그렇다고 한다면 처음부터 생명을 존중하고 사랑한 것이 아니기 때문에 누가 무엇이라고 지탄을 하든 아무 의미가 없다. 스스로 자책할 기능을 가지지 못한 자가 스스로의 부끄러움을 어찌 알겠는가. 참으로 안타까운 일이다.

흔히들 쉽게 쓰고 있는 사랑이라는 단어를 쓰려면 동물을 사랑하든 인간을 사랑하든 사랑이라는 말을 쓸 수 있는 심성을 갖추어야 한다. 생명 있는 것이면 그것이 어떤 성질의 것이든 차별 없이 존중하는 마음으로 다가설 수 있을 때 비로소 진정한 사랑이라고 말할 수 있을 것이다.

불교에서는 계율을 말할 때 그 첫 번째가 바로 살생을 하지 말라는 것이다. 생명 있는 것은 어느 것 하나 내가 함부로 대하거나 죽일 권한을 처음부터 가지고 있지 않다는 말이다. 저 이름 없는 개울의 물고기 한 마리부터 나뭇가지에서 지저귀는 새들에 이르기까지 모든 생명체는 인간과 동등한 생명권 – 즉 생명을 누릴 권리 – 를 가지고 태어났다. 인간에게 있어서 다른 생명을 함부로 대할 권리는 없다. 두고두고 이 지구라는 땅덩이 위에서 함께 공생해야 할 뭇 생명들을 생각할 때 생명존중의 윤리는 아무리 강조해도 지나침이 없을 것이다.

보다 더 적극적으로 공생의 정신을 살린다면 생명을 살리는 데 온 힘을 기울이는 따뜻한 마음이 필요하다. 핍박 받고 억압당하는 생명들에게 자유를 누릴 수 있도록, 저들이 살던 자연으로 돌아갈 수 있도록 도움을 주는 방생의 의미를 되새기는 것도 이 때문이다. 방생이야말로 불교적 생명 사랑의 실천적 가치를 보여주는 상징적인 의식이 아닐 수 없다.

살생중죄금일참회　殺生重罪今日懺悔

살아있는 모든 것을 죽인 무거운 죄를
내가 오늘 참회합니다.

양상군자의 교훈

　　지난 겨울은 유난히도 눈이 많이 내렸다. 주렁주렁 매달린 처마 밑에 고드름을 보며 움추렸던 겨우살이도 이제는 모두 끝이 났다. 꽁꽁 얼어버린 강산은 영영 풀리지 않을 것 같았지만 그래도 시간의 무게를 이기지 못한 계절은 벌써 저만큼 겨울을 옮겨다 놓고 화사한 봄 단장을 시작한다.

　　나에게는 사계절 중 겨울이 제일 견디기 힘든 계절이다. 선천적으로 병약한 신체적 결함을 타고난 탓에 겨울 내내 감기약과 콧물을 달고 살아야 하는 내 처지로서는 겨울이 반가울 리가 없다.

　　겨울이 반갑지 않은 이는 나뿐만이 아니다. 빌딩숲에서 밀려나 콘테이너 박스나 비닐하우스 속에서 힘겹게 살아갈 철거민들의 삶도 나처럼 지독한 겨울일 것이다. 아무도 찾아주지 않는 산동네 독거 노인들의 겨우살이도 걱정이다. 추위와 가난이 함께 겹치면 세상 모두가 까닭 없이 원망스러울 수도 있다.

인간 본연의 아름다운 마음이 얼어터지는 계절도 겨울이다. 저들이 가지고 있는 마지막 희망조차도 하나 둘씩 빼앗아가는 이 사회의 구조적 모순과 부조리는 정치가들의 달콤한 약속만으로는 개선되지 않는다.

어쩌면 조선 오백년 동안 수없이 창궐한 민초들의 반란이나 임꺽정, 장길산 같은 도둑떼들의 등장도 위정자들의 무능과 부패를 몸으로 항거했던 역사의 한 모습일 것이다.

그러나 위정자들을 향한 미움이나 저주만으로 해결될 문제는 많지 않다. 오로지 무엇이 되었든 죽기 아니면 살기식의 한탕주의로 성공을 해 보겠다는 것도 불가한 일이다.

자신이 다른 사람과 비교되는 삶 속에서는 절대 행복해질 수 없다. 조금은 더디더라도 하나하나 빈 칸을 채워나가는 노력이 전제되어야 한다. 작은 것에 만족할 줄 아는 지혜로운 사람이 되어야 한다. 삶의 경영에 있어서 올바른 길이란 나와 남 모두에게 이익을 주는, 즉 나도 즐겁고 남도 즐거운 인생을 지향하는 것이 최선이다.

지긋지긋한 가난으로부터 어떻게 하면 탈출할 수 있을까만을 모색하다 보면 순간의 실수로 수습 불가능한 나쁜 상황으로 떨어지는 경우가 더러 있다. 이렇게 되면 자신은 물론 상대방 역시 고통일 수밖에 없다.

중국의 고사에 등장하는 양상군자(梁上君子)도 원래는 도둑이 아니라 농사를 짓고 착하게 살아가는 사람이었다.

어느 날 느닷없이 화적 떼가 마을을 습격하는 바람에 모든 집과 재산과 가족을 잃게 되었다. 그렇게 홀로 떠돌아다니다가 먹을 것을 찾아 이곳 저곳을 기웃거리던 차에 어느 고을 현령의 집에 잠입하여 물건을 훔치게 되었다. 때마침 주인이 방문을 열고 들어오자 적당히 숨을 곳을 찾지 못한 도둑은 대들보에 몸을 숨기게 되었다.

그런데 다행스럽게도 지혜로웠던 현령은 도둑이 든 것을 금방 눈치챌 수 있었다. 현령은 당장 도둑을 잡기보다는 가족을 모두 방으로 불러들여 대들보에 숨은 도둑이 들을 수 있도록 큰소리로 말했다.

"사람은 모름지기 다소 살림이 곤궁하고 어렵더라도 자기가 노력하지 않고 남의 물건을 탐하는 것은 양상군자와 같느니라."

'대들보 양(梁)' '윗 상(上)' '군자 군(君)' '자손 자(子)'를 풀어 보자면 저기 대들보 위에 있는 멍청한 사내와 같다는 말이다. 이 말을 들은 도둑은 대들보 위에서 내려와 현령 앞에 무릎을 꿇고 저간의 자기 처지와 오늘의 그릇된 행동에 대하여 사죄하며 눈물을 흘렸다. 그러자 인자한 현령은 오늘 그대의 잘못이 고을의 가난한 백성들을 긍휼히 여기지 못하고 잘 다스리지 못한 자신에게도 일말의 책임이 있다고 말한다.

사회의 어두운 부분은 밝은 곳에 있는 사람들에게도 책임이 있다는 말일 것이다.

　대체로 남의 것을 훔치는 업을 전문으로 하는 절도 범죄자들의 고상한 별명이 이른바 양상군자다. 그 옛날 유럽에서도 집이나 가족이 없는 떠돌이 유랑인들이, 요즈음으로 말하면 노숙자나 집시 같은 사람들이 집단으로 몰려다니며 자기들끼리 암호를 정해 정보를 주고 받으며 도둑질을 했다고 한다. 말하자면 앞서 훔쳐간 도둑이 뒤에 올 도둑을 위해 친절하게도 자기가 침탈한 집주인의 성격과 빈부의 정도, 좋고 나쁜 점 등을 대문간 벽에 소상히 적어 놓고 간 것이다.

　이쯤 되면 전문 절도범들의 노골적인 범죄 행위가 아닐 수 없다. 사람마다 자기의 습성에 따라 살아가기는 하지만 때로는 습성에 관계없이 절도를 행하는 사람도 더러 있다. 도둑의 유형은 대략 세 가지로 나눌 수 있다.

　첫 번째는 생계형 도둑이다. 이는 우리 사회에서 적당한 직업을 가질 기회를 얻지 못하고 누구의 보살핌도 받을 수 없어 정말 어쩔 수 없이 도둑질을 하는 절박한 상황에 처한 부류다.

　두 번째 도둑은 소위 말하는 정당한 대가를 지불할 의사가 전혀 없는 부류다. 권력을 남용해서 자기보다 힘없는 사람의 약점을 잡아 뇌물을 받아 챙기거나 국민의 세금을 제 돈인 양 마음대로 뿌리는 이런 부류를 배운 도둑놈들이라고 한다.

세 번째 도둑은 정말로 위험한 부류로 마음으로 훔치는 도둑놈이다. 이 도둑질은 아무도 눈치챌 수 없고 스스로도 그것이 도둑질이라는 것을 잘 알지 못하기에 상처 또한 아주 큰 게 바로 마음 절도이다. 어느 날 갑자기 믿음과 신뢰를 저버리고 상대에게 엄청난 상처를 안겨주는 이런 류는 아주 질이 나쁜 도둑이다.

물건은 잊어버리면 다시 사거나 구하면 되지만 잃어버린 마음은 인간을 회생불능의 상태로 만든다. 이러한 몰염치한 자들의 범법 행위는 여타 절도죄보다도 훨씬 무겁지만 어떤 법으로도 징계할 수 없다는 것이 문제다.

자문해 보자.

물질이든 마음이든 주지 않는 것을 탐하는 비도덕적이고 비양심적인 일에 용감하게 나선 적은 없었던가.

투도중죄금일참회　偸盜重罪今日懺悔

남의 그 모든 것을 훔친 무거운 죄를
내가 오늘 참회합니다.

가을이면 나무들이 제 형편에 맞게 겨울 채비를 한다. 언젠가 이외수 님의 글에서 "나무들은 자신들의 잎을 떨구어 제 발등을 덮고 추운 겨울을 이겨내려 한다."는 말이 생각이 난다. 가을을 알리는 전령사 같은 나무로 첫 번째를 꼽으라면 단풍나무를 빼 놓을 수 없을 것이다.

나는 노랗게 물드는 부채살 모양의 은행잎을 좋아한다. 우수수 떨어져 뒹굴다가 바람의 희롱을 견디지 못하고 휘익 떼 지어 날아가는 광경도 좋고, 어릴 적 책갈피에 하나쯤 끼워 두었다 벌써 오래전에 지나가버린 가을을 메모하는 재미도 괜찮다.

특히 은행나무는 낙엽과 교목으로서 암수가 따로 구분되는 나무다. 암수의 구별은 은행잎을 가만히 들여다보면 알 수 있다. 수 나무의 잎보다는 암 나무의 잎이 조금 작다. 그리고 나뭇가지가 뻗는 모양새도 수 나무는 하늘을 향해 힘껏 뻗어 나가고 암 나무는 수줍은 듯이 옆으로 약간 쳐져 있는 것이 특징이다.

왜 하필이면 은행나무이겠는가? 자연의 섭리에 잘 맞는 나무 중의 하나이기 때문이다. 가을이면 흔하게 굴러다니는 은행잎도 요즈음은 신약 개발의 약재로 쓰일 뿐만 아니라 주저리 열리는 은행 열매도 한약재로 귀히 쓰인다.

예로부터 은행나무 몸통은 조각가들이 선호하는 나무다. 나뭇결이 부드럽고 고와서 칼질을 거부하지 않고 다듬어지며 좀처럼 오래 두어도 나무에 벌레가 생기지 않는다. 그러한 특성 때문에 조각가들이 선호해 왔는데 그들의 솜씨를 빌어서 오랜 세월 동안 변형되지 않고 처음 그대로의 모습을 유지하는 불상이 전통사찰에 더러 남아있다.

이와 같이 나뭇잎에서부터 열매와 몸통까지도 아낌없이 인간을 위해 다 내어 주는 희생의 나무를 누군들 좋아하지 않겠는가. 은행나무의 또 다른 매력은 꼭 제가 사랑하는 짝을 만나지 않으면 열매를 맺지 않는 사랑나무라는 것에 있다.

이렇듯 나무 한 그루마저도 자신의 짝을 만나야만 사랑을 나누고 열매를 맺는데, 그렇다면 오늘날 인간 세상에서의 소중한 짝은 어떤 의미를 갖고 있을까.

짝이 잘맞는 한 켤레의 장갑이란 얼마나 아름다운가. 인간에게 있어서도 짝이란 더없이 소중한 의미다. 결혼을 앞둔 젊은이들에겐 더욱 그럴 것이다.

하지만 이 요즈음 시대는 결혼과 이혼에 대해 그렇게 큰 의미를 담고 있는 것 같지가 않다. 쉽게 만났다가 쉽게 헤어지는 흔하디 흔한 다반사의 일이 되어 버렸다. 아무도 그와 같은 일에 심각하게 고민하지 않는 시대에 살고 있는 것 같다.

행인지 불행인지 알 수 없는 노릇이다. 미국의 저명한 교수 존 가트맨이 35년 동안 3천쌍의 부부들의 일상 생활을 촬영하여 논문을 발표한 적이 있다. 표정부터 말하는 모습, 여러 가지 행동들, 피부 변화까지 100초 단위로 끊어서 자료를 분석하였다고 한다.

그의 논문에 의하면 미국인 부부들의 결혼이 망가지는 가장 큰 이유는 누적된 상대적 스트레스라고 한다. 그들의 잦은 이혼은 엄청난 사회 비용을 요구하고 있다. 이혼 이후 22%의 사람들이 정신 장애를 겪고 일부는 자살을 깊게 생각하고 있다고 한다. 뿐만 아니라 결손 가정의 아이들이 100만 명 이상 대학생활을 지속하지 못하고 중퇴나 자퇴를 하게 된다니 이 얼마나 불행한 일인가.

이것이 어찌 남의 나라 일만이겠는가. 우리나라 역시 2009년에는 12만4천 쌍이 이혼했으며, 매년 전년 대비 7천5백 쌍이 늘었다는 어느 통계 자료를 보았다. 이혼 건수도 10년 만에 세 배로 증가했다고 한다.

결혼이란 전통적으로 혈연 관계를 형성하는 기초적인 가족의 출발점이다. 어떤 이는 종족 번식과 짝짓기를 하기 위한 인간들의 의례 의식이라고 혹평하는 이도 없지는 않다. 하지만 동물들의 세계가 아닌 다음에야 그 같은 독설은 너무 가혹할 터이다.

결혼이란 젊은 남녀들의 신성하고 아름다운 사랑을 전제로 이루어지는 동반자적 조건의 결속이다. 서로를 의시하고 사랑하며 또 일정 부분을 분담하는 운명공동체의 관계를 형성하는 정신적, 육체적인 결합이 결혼인 것이다.

그러나 서로 다른 환경과 조건에서 자라온 남녀이니 만큼 하루 아침에 제 마음에 꼭 맞을 수는 없는 일이다. 때로는 갈등도 있고 때로는 원망과 미움도 있기 마련이다.

하지만 그뿐이면 누가 결혼하려고 하겠는가. 점차 시간이 흐르면서 순간순간 기쁘고 행복할 때도 더러는 있다. 마치 매운 음식의 달콤한 양념처럼 말이다. 그런데도 요즈음 사람들은 무엇이든 조금 더 참아내고 기다려주는 일이 없다. 지금 당장 어떤 결과를 보고야 말겠다는 성급함, 조급함이 너무 심하다. 상투적이고 지엽적인 사소한 일들에서 말다툼하고 성격이 맞지 않는다고 난리를 떤다. 또 무엇이 안 맞고 이런 저런 이유 같지도 않은 이유를 들이대며 이혼을 쉽게 들먹인다.

조금은 심한 말 같지만 마치 이혼이라는 단어를 아주 쉽고 간편한 일회용 젓가락 찢듯이 해댄다는 말이다. 어쩌자고 평생 동안 함께 해야 할 짝을 그리 쉽게 선택하고 또 그렇게 헌신짝 버리듯 하는지 모르겠다.

세상에 태어나 한평생을 자기와 짝이 되어 반려해 줄 사람을 만난다는 것이 얼마나 귀하디 귀한 인연인가를 마음 깊이 새겨야 한다.

그럼에도 불구하고 가끔 자기 짝을 두고도 곁눈질을 해 대는 못난 사람들이 더러 있다. 뒤늦게서야 평생을 두고 후회할 인생의 함정이라는 것을 깨닫지만 때는 이미 늦다.

이제부터라도 나의 짝이 되어준 서로에게 매일 고마워해야 할 이유를 찾아야 한다.

부부가 가져야 할 네 가지 지혜가 있다.

첫째, 부부는 늘 어떤 문제든지 함께 의논하는 지혜가 필요하다.

둘째, 부부는 서로 불편한 부분을 살펴주는 지혜가 필요하다.

셋째, 부부는 언제나 실망스러운 말을 피하는 지혜가 필요하다.

넷째, 부부는 무엇보다 상대가 최우선이라 생각하는 지혜가 필요하다.

사음중죄금일참회   邪淫重罪今日懺悔

삿된 음행의 무거운 죄를
내가 오늘 참회합니다.

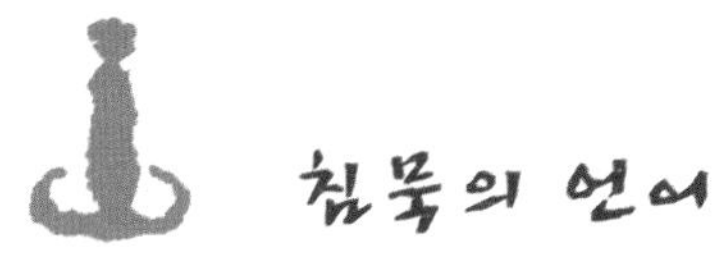

얼마 전 미 합중국 대통령 버락 오바마의 연설에 세계 언론들이 아낌 없는 찬사를 보낸 적이 있다. 이른바 오바마 대통령의 51초 침묵이 큰 이슈가 되었던 것이다. 그의 연설을 듣고 다수의 선량한 세계인들이 마음으로 감동의 박수를 보냈다. 잘 다듬어진 백 마디 말보다 진정성이 담긴 오바마의 침묵은 더할 나위 없이 훌륭했다는 평가를 받았다.

사건의 요지는 이러했다. 미국이라는 나라는 개인들도 허가만 받으면 누구라도 쉽게 총기를 휴대할 수 있는 나라다. 그래서 그런지 불특정 다수가 피해를 입는 총기 사건이 빈번히 발생하기도 한다.

이번 오바마의 연설 역시 애리조나주에서 발생한 어떤 정신병 환자의 무차별적 총기 난사 사건으로 사망한 고인들을 추모하고 유가족들을 위로하는 연설이었다. 오바마는 연설 중간부에 가족을 잃은 사람들의 아픈 마음을 이해하고 함께 슬퍼하는 모습을 보였다.

자신의 감정을 추스르고 흐르는 눈물을 내비치지 않으려고 안간힘을 쓰며 참아내는 침묵의 시간이 무려 51초, 약 1분간 지속되었다고 한다. 연설문이 정말 슬프게 작성되었다는 이야기도 있다. 나중에 알려진 바로는 연설문의 작자는 오바마의 생각을 가장 잘 나타내주는 백악관 연설 전문 담당비서인 코디키넌이라 하였다.

누가 어떻게 연설문을 작성했느냐, 어떤 몸짓과 표정으로 연설을 하느냐는 중요하지가 않다. 누가 뭐라고 하든 연설의 성공여부는 청중들 앞에 선 연설자의 생각과 행동이 진솔한가, 한 점의 거짓없는 마음으로 자신의 생각을 듣는 이의 닫혀진 마음에 전할 수 있는가에 달려 있다.

버락 오바마와 같이 유명인의 연설을 찬탄하려는 것이 아니다. 모든 청중이 지켜보는 가운데 약 1분 가량의 짧지 않은 시간을 조용히 침묵의 언어로 자신의 마음을 전달했다. 이 같은 침묵은 듣는 이들의 가슴에 뜨거운 감동을 불러일으키기에 충분했다.

미사여구(美辭麗句)를 자유자재로 구사하는 전문 아나운서들과 비교해도 결코 뒤처지지 않는 말솜씨를 가진 사람들이 우리 주변에도 더러 있다. 그러나 그들의 모양 좋은 천 마디 언어보다 때로는 침묵이 더 값질 때도 있다.

다 그런 것은 아니지만 말을 잘하는 사람 중에는 대체적으로 쉽게 믿음이 가지 않는 말빚 전문가가 많다. 뒷감당은 차치하고 부도 수표만 잔뜩 남발하는 사람들이 이 부류라고 할 수 있다. 마치 겉모양만 화려하게 포장되어 있고 정작 내용을 뜯어보면 그 안이 텅 빈 경우가 허다하다. 그의 말에 현혹되어 귀 기울여 준 순진한 사람들의 믿음을 여지없이 배반해 버리는 거짓말쟁이일수록 말솜씨가 뛰어나다.

이 같은 거짓된 말을 망어(妄語)라고 한다. 망어란 전혀 사실에 근거하지 않고 어떤 논리도 갖추지 않은 비상식적이고 비이성적인 말을 늘어 놓는 경우를 말한다. 마치 구름을 타고 다니는 사람을 보았다든가 아니면 내일이면 지구가 멸망할 것이니 있는 것 없는 것 모두 가지고 오면 특별히 죽음을 면하게 해 주겠다는 사이비 족속들도 거짓말의 전문가들이다.

전혀 의미 없는 허망한 말로 꼬드겨서 착하고 어진 이들을 혹세무민하는 인간들일수록 자신의 거짓말을 합리화 내지 정당화하느라 자기 모순에 빠지는 경우를 왕왕 보게 된다. 더러는 순간적 위기를 임기응변으로 슬쩍 넘어가는 사람을 순발력이 있다고 추켜세우는 축들도 있다. 참으로 어처구니없는 경우라 할 것이다.

누군가 말하기를, "거짓말은 눈사람과 같다."고 했다. 처음에는 한줌도 안 되는 눈사람이 굴리면 굴릴수록 더욱 커지는가 하면 끝내는 녹아버려 흔적조차 찾아볼 수 없는 속성이 거짓말과 똑같다.

처음에는 큰 악의 없이 단순히 시작한 거짓말도 스스로를 합리화하기 위해서는 계속 거짓말을 할 수밖에 없다. 이 거짓말 이어달리기는 마침내는 사회로부터 추방당하거나 따뜻했던 벗들로부터 외면 받는 처참한 최후를 맞이하고 만다.

거짓된 언어 습관은 정신을 황폐화시키는 지름길이다.

망어중죄금일참회　妄語重罪今日懺悔

망령된 말로써 지은 죄를
내가 오늘 참회합니다.

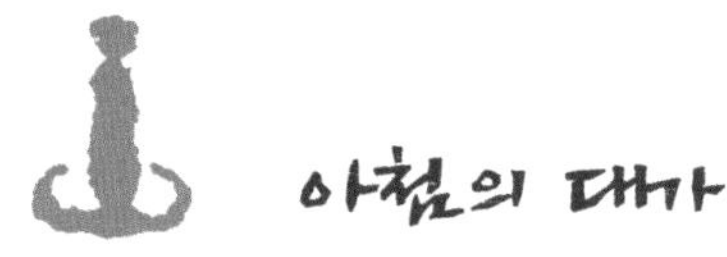

아침의 대가

    1592년 평화롭기만 하던 조선을 침공해 들어온 임진왜란의 주역은 희대의 전쟁광인 도요또미 히데요시였다. 일본에서는 그를 어떻게 평가하든 우리에게는 매우 불량한 일본 군주의 한 사람일 뿐이다. 그래도 이 사람의 출세일화를 보면 세상을 살면서 이 정도의 처세술이라면 성공할 수밖에 없겠구나 하는 인식을 심어 주기에 부족함이 없다.

히데요시는 막부시대에 태어난 사람이다. 그는 당시 사회에서는 정말 보잘것없는 천민 출신이었다. 일찍이 그의 사람됨을 알아본 사람은 나고야에 있는 기후성의 성주로 뒷날 일본의 통일 천하를 앞두고 배신자 아케치 미즈히데의 손에 의해 활복한 오다 노부나가다.

도요또미 히데요시의 처음 직책은 쇼군 오다 노부나가가 타고 다니는 말을 먹이고 씻겨주는 별 볼일 없는 마부에 불과했다. 그러나 그의 타고

난 아첨 기질은 어느 눈 오는 날 발휘되었다.

쇼군 오다 노부나가가 부하들과 함께 방에 들어가 회의를 하고 있을 때였다. 히데요시는 주군 오다 노부나가의 신발을 마당의 모닥불에 잘 말려서 자기 품안에 안아 따뜻하게 해 놓은 채 주군이 나오기를 기다렸다. 이에 감동한 오다 노부나가는 별 볼일 없던 말먹이꾼 히데요시를 무리의 중대장급 정도의 장수로 발탁하게 된다. 그 후 여러 전투에서 혁혁한 공을 세운 히데요시는 승승장구하여 마침내 오다 노부나가의 오른팔이 된다.

전하는 바에 의하면 도요또미 히데요시는 1미터 50센티미터 정도의 아주 작은 키에 깡마른 체구를 소유한 사람으로 마치 원숭이와 흡사하게 생겼다고도 한다. 이 같이 볼품없고 출신도 형편 없는 사람이 사분오열된 막부시대의 일본을 통일하고 조선을 침공할 수 있는 막강한 권력을 잡은 것이다.

그가 출세한 배경에는 여러 가지 이유가 있겠지만 가장 큰 무기는 천성적으로 가지고 있던 아첨이라 할 것이다. 그는 아첨과 아부의 달인이었다. 앞에서 말한 신발 사건 말고도 너무나 유명한 두견새 사건은 그러한 히데요시의 성격을 잘 보여 준다.

주군 오다 노부나가는 두견새 울음소리를 좋아했다. 그런데 그가 키우고 있던 두견새는 우울해지면 울지를 않았다. 그럴 때면 두견새 울음소리를 기다리는 주군을 위해 밤새도록 두견새가 울 때까지 재롱을 피웠다고 한다. 이쯤 되면 아부의 경지를 넘어 아첨의 도가 무엇인가를 통달한 사람이라고 할 것이다.

우리의 고전에도 풍자적으로 자주 등장하는 사또와 이방의 관계가 아첨의 대표적인 이야깃거리다. 아부란 윗사람을 향해 상대의 비위를 맞추고 기분 좋게 해 주는 이른바 립 서비스다. 이 아부성 멘트는 한마디로 말해서 진실한 내용을 담보로 하지 않아도 되니 다분히 위조품일 수밖에 없다.

따라서 동서고금을 막론하고 그 나라의 흥망성쇠는 아부와 아첨꾼이 얼마나 득세를 하느냐, 아니면 바른 말, 충직한 말을 잘하는 신하를 곁에 두고 있느냐에 따라 달라진다.

이 같은 아부와 아첨을 일러 기어(綺語)라고 한다. 비단결 같이 곱게 꾸며진 언어로 상대방을 꼬드겨서 자기 이익을 도모하는 일종의 사기꾼 같은 사람들의 언어가 바로 기어다. 뿐만 아니라 그 사람 앞에서는 온갖 달콤한 말을 다 동원하여 꾸며놓은 말들이 돌아서면 전혀 다른 험담으로 변해버리는 표리 부동한 언어가 기어다.

그래서 부처님이나 옛 조사 스님들은 한결같이 말씀하시기를, "그대들이 속고 있는 현상은 눈으로 보는 것만이 아니라 귀로 듣는 것으로도 무던히 속고 있다는 사실에 주목할 필요가 있다.”고 하셨다. 그렇다. 몸에 해로운 음식은 달콤하고 몸에 좋은 음식은 쓰다는 말처럼 자신의 정신 건강을 해치고 지혜로운 눈을 멀게 하는 것도 바로 이 아부와 아첨의 속삭임이 아니겠는가.

그렇다고 아부와 아첨을 겸양이나 겸손과 혼돈할 필요는 없다. 아부나 아첨은 무조건 상대의 기분을 맞추려는 허튼 수작에 불과하다. 그러나 겸양이나 겸손은 자신을 한없이 낮추어서 특별히 드러내지 않으려는 성숙한 지성미를 가진 인격의 한 모습이라 할 것이다.

살아가면서 때로는 아첨쟁이를 만날 때도 있고 자신도 아첨을 할 수밖에 없는 경우가 왜 없겠는가. 하지만 이것이 옳지 못한 수단이라는 생각이 들 때 단호히 자신을 나무랄 줄 아는 사람이 되어야 한다.

기어중죄금일참회　綺語重罪今日懺悔

비단결 같은 말로써 지은 모든 무거운 죄를
내가 오늘 참회합니다.

자타카 이야기

부처님 본생경에 보면 고독장자의 전생 이야기가 나온다. 고독장자라 하면 『금강경』 첫 머리에 나오는 기수급고독원, 즉 기원정사를 지어서 부처님께 바친 급고독 장자를 말하는데 자기의 전 재산을 교단에 보시한, 요즘 말로 하면 기부천사 같은 사람이다.

이 사람이 어느 날 길을 가다가 무뢰한들을 만나게 된다. 이 무뢰한들은 고독장자가 돈이 많은 것을 눈치채고 그가 가진 돈을 모두 빼앗으려는 속셈으로 한 가지 꾀를 낸다.

"여보게들, 여기에 주막을 빌려서 술을 만드세. 그리고 독약을 한 줌 타서 고독장자가 지나가거든 그 술을 먹이고 그가 잠든 사이에 모든 재산을 털어서 도망가세나."

이렇게 모의를 한 줄도 모르고 그곳을 지나가던 고독장자는 그들이 유혹하는 주막집으로 들어가게 되었다. 한 사람이 얼른 달려 나와 "어서오

십시오. 훌륭하신 장자님, 저희들이 장자님을 위해 맛있는 음식과 귀한 술을 담가 두었답니다.”하고 말했다.

장자는 친절한 그들에게 “고맙군요. 저 같은 사람을 위해 귀한 술을 내놓으신다니 사양하지는 않겠습니다.”하고 대답했다.

그런데 한 가지 이상한 것은 고독장자를 위한 술잔 하나만 내놓고 자기들의 술잔은 아예 탁자 위에 올려놓지 않는 것이었다. 뭔가 이상한 느낌을 받은 고독장자가 “왜 그대들은 나와 함께 술을 먹지 않으려는 것이요. 탁자 위에 나의 술잔밖에 없으니 이상한 일이구려.”하고 말하고는 잔에 술을 따르기 시작했다.

그 순간 어디선가 날아온 새 한 마리가 술잔을 탁 치면서 한 모금 찔끔 마시더니 그 자리에서 죽어 버렸다. 누구도 예상하지 못한 이상한 사건이 벌어진 것이다. 그러자 무뢰한들은 장자가 이미 술에 독약이 든 것을 눈치채고 있다는 것을 알았다.

무뢰배들은 이런 저런 핑계를 대면서 슬슬 뒤꽁무니를 빼고 모두 달아나 버렸다. 장자는 “술은 본래 병 속에 그대로 있고 남에게만 권하는 것이 이상하여라. 그들의 친절한 말을 믿었더라면 독약이 든 술인 줄도 모르고 마셨을 것이다.”라고 말했다.

그 후 장자는 자기를 위해 목숨을 내던진 새를 위해 더 좋은 일을 많이 하리라 마음먹었다고 한다. 그리고 집을 지을 때는 꼭 처마 밑에 새를 조각해서 붙이도록 했다는 이야기다.

세상에는 필요 이상으로 친절한 사람들이 많다. 물론 이유가 있는 친절이야 마다할 필요가 없다. 예를 들어 어느 식당이나 상점에서 그들이 보이는 친절은 당연한 것이다. 하지만 까닭없이 친절한 이면에는 분명 어떤 숨은 의도가 있기 마련이다. 다양한 표정을 지으며 두 가지 말을 서슴지 않는 자들을 우리는 분명 경계해야 한다. 처음에는 너무나도 친절한 척 온갖 정을 다 내다가도 제 수작에 걸려들지 않으면 백팔십도로 태도가 바뀌면서 돌변하는 사람의 얼굴을 잊을 수가 없다.

야누스나 지킬과 하이드 같은 인물들 말이다. 가뜩이나 어지러운 세상을 더 혼란스럽게 하는 이런 류의 엉터리 인생들을 몰아낼 방법은 없는 것일까. 입은 하나지만 한입으로 두말을 하는 사람들이다. 약속을 해 놓고 잘 지키지 않는 사람이나 이 사람 저 사람 두루 찾아다니면서 이간질시키고 분쟁이 일어나게 하는 일종의 간신배와 같은 인간들이 양설(兩舌)을 많이 쓰는 편이다.

회사에서 윗사람에게는 충성을 다하는 척하다가 아랫사람만 보면 못살게 구는 사람도 이에 속한다. 더러는 수다쟁이들 가운데도 이런 사람은 꼭 있다. 워낙 말을 많이 하다 보니 자기가 무슨 말을 하는지도 모르고 마구 지껄인다. 자칫 다른 이의 비밀을 폭로하거나 해서는 안 될 말, 주어담을 수도 없는 말을 뱉어 놓고 후회하는 축들이 있다.

의도적이 아니라 해도 말을 많이 하다보면 쓸 말과 몹쓸 말이 튀어나오게 된다. 그 같은 실수의 만회를 위해 또 다른 말을 꾸며내야 하니까 얼마나 방정맞고 못된 입인가 말이다.

듣는 사람이나 하는 사람 양쪽 모두를 피곤하게 하고 그로 인하여 분란이 잦아지는 문제의 입단속은 정말 중요하다. 입 간수를 제대로 하고 살기란 여간 어려운 일이 아니다. 그렇다고 입을 꾹 다물고 꿀 먹은 벙어리처럼 산다는 것도 말이 되지 않는다.

그러므로 어떻게 해서든지 입을 잘 간수하는 자만이 입으로 인한 낭패를 피할 수 있을 것이다. 조심하고 또 조심할 일이다.

양설중죄금일참회　兩舌重罪今日懺悔

두 가지 말로써 지은 모든 무거운 죄를
내가 오늘 참회합니다.

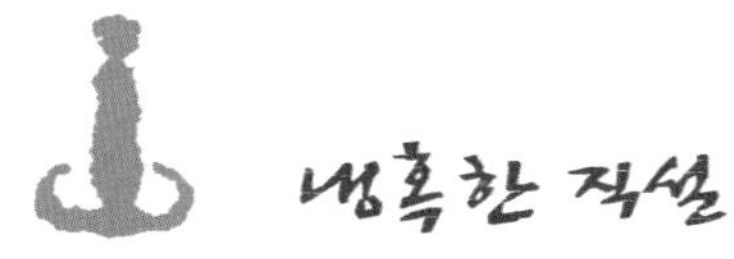

냉혹한 직설

한여름 날 귀제비, 물총새, 찌르레기, 뻐꾸기, 노랑할미새, 솔부엉이, 산솔새, 개개비 등 새소리나 각종 벌레 소리는 땀 흘리며 일하는 사람들에게 휴식을 전하는 아늑한 음악을 건네준다. 누구에게 배운 소리이기에 저토록 아름다운 소리를 낼 수 있을까. 새들의 합창은 듣는 이의 귀를 간지럽힌다.

여름날, 흔하디 흔한 매미소리조차도 그늘에 앉아 땀을 식히며 들으면 저절로 시원함을 느끼는 것도 어쩌면 그 계절에 맞는 소리이기 때문일 것이다. 그 같은 매미소리를 엉뚱하게도 눈보라 몰아치는 겨울에 듣는다고 상상을 하면 아마도 십중 팔구는 소름이 돋아날 것이다.

이처럼 같은 소리라도 때와 장소에 따라 다르게 들리는 것도 일종의 청각의 반복적인 습관 때문일 것이다. 사람에게 있어서 들린다거나 듣는다고 하는 것은 단순한 음의 파장을 받아들이는 것이 아니다. 사람들은 그 소리가 요구하는 목적에 즉각 반응하거나 아니면 무시해 버린다. 소리를 분석하고 어떻게 응답해야 하는지를 아는 기능이 아닌 지능이 따로 있다. 이를 일러 의식의 반응이라 하며 그에 따라 천변만화의 마음 작용이 일어나는 것이다.

인간은 마음의 교환과 소통 그리고 소리의 작용에 따라 다양한 표정과 몸짓을 할 수 있다. 그러나 이 같이 특별한 인간의 소리, 즉 언어가 때로는 불량하기 이를 데 없는 악구(惡口)일 때 듣는 이의 당혹감은 무엇이라고 말하기 힘든 처지에 놓이게 된다. 지독한 언어 폭력을 구사하면서 겉모양만 번지르르하게 차린 사람은 스스로의 천박한 인간성을 드러내는 법이다. 아무리 숨기려 해도 숨길 수 없는 조잡한 언어의 주인공이 되는 것이다.

이와 달리 고상한 화법(話法)은 그 사람의 인격과 지성의 척도를 재볼 수 있는 가늠자이기도 하다. 그런데도 예외의 독설가가 한 분 있다. 그 어른의 말씀은 아무리 냉혹한 직설일지라도 절대로 그게 욕설이라는 느낌을 주지 않는다. 바로 근대의 덕 높으신 고승 중 한 분인 춘성 큰스님이다.

이 어른의 기인과도 같은 욕설 법문 일화는 너무 많다. 육영수 여사의 생일 법문이나, 일본인 경찰에 끌려가서 일갈하셨다는 욕설 법문, 기차간에서 큰소리로 외치셨다는 법문까지 수없이 많다.

그 중 경부선 기차 안에서의 일화를 보자.

어느 날 어린 제자와 함께 서울에 볼일이 있어 나들이를 가던 춘성 큰 스님은 잠시 피곤한 눈을 부치려고 눈을 감고 계셨다. 그런데 어디선가 큰 소리로 떠드는 사람이 있어 고개를 들어보니 열차 안 통로에 선 어떤 사내 하나가 큰 소리로 "여러분, 예수를 믿으시오. 예수를 믿고 구원 받으시오. 우리 주 예수는 죽었다가 다시 살아나 부활하신 분입니다."하고 소리쳤다.

열차 안에 앉아 있던 승객들이 어리둥절해 하며 그 사내를 쳐다보는 순간, 큰스님께서 자리에서 벌떡 일어나 일갈하셨다.

"얘! 이 덜떨어진 녀석아, 죽었다가 살아나는 것은 내 거시기 뿐이다."

춘성 큰스님의 한 마디에 승객들 입에선 박장대소가 터져나왔다는 전언이다. 꼭 사족을 달자면 이렇다. 아무리 자기의 종교가 우월하며 사상성과 철학적 차원이 높고 그 믿음이 강한 사람이라 하더라도 대중이 함께하는 특정 장소에서 이러는 게 제 정신이냐는 것이다. 제발 시정의 싸구려 장사꾼처럼 품위 없이 굴지 말라는 말씀이다.

점잖은 노승께서 그깐 한줌도 안 되는 종교 지식으로 떠벌리고 다니는 사람을 굳이 상대할 필요는 없었을 것이다. 그러나 당신의 이 같은 모습은 어쩌면 그 젊은이의 어리석고 경솔한 행동을 따끔하게 깨우쳐 주고 싶어했던 자비심이라고 이해해야 할 것이다.

시중에 회자되는 춘성 큰스님의 길거리 법문의 요지는 이러하다. 음의 파장으로 전달되는 소리는 크게 차별이 없다. 누군가에게 참을 수 없는 모욕을 당하고 심한 욕설을 듣는다면 분노하는 마음이 생길 것이다. 반대로 달콤한 칭찬의 말을 들었을 때 기분이 좋아지는 두 가지 상반된 느낌의 변덕스러운 그대 마음의 차별심은 어디서부터 시작되는 것인지, 그 마음을 찾아 나서라는 설법이다.

그런데 요즈음 젊은 스님들이 더러는 큰스님의 뜻을 왜곡하여 나이 많은 불자들에게 함부로 반말지꺼리나 흉내내고 있는 것 같아 이 또한 낭패스러운 일이 아닐 수 없다. 물론 친근함을 나타내는 표현일 뿐 악의는 없다 하더라도 가능하다면 수행자답게 더 낮은 자세로 말을 다듬어야 할 것이다.

일반적으로 입에 거품을 물고 덤비는 험악한 언어들은 격한 감정에 끌려다니면서 악구(惡口)가 되어 버린다. 험악한 욕설이나 음담패설도 악구라고 하지만 더욱 심각한 악구의 문제는 상대의 마음을 사정도 두지 않고 아프게 하고 말로서 씻을 수 없는 상처를 주는 언어적 폭력이다. 따라서 듣는 이로 하여금 상대가 자신을 비하하거나 헐뜯거나 비판한다고 느낀다면 그 같은 내용들은 언젠가는 앙갚음으로 되돌아올 확률이 농후하다.

어떤 이들은 이유도 없이 남에게 반감을 가지고 잔인하고 모진 말을 서슴지 않는 사람도 있다. 교양 있는 사람인 척하는 태도와는 전혀 다르게 처음부터 심성이 고약한 사람은 불량한 언어에서 카타르시스를 느끼는 듯도 하다. 한참 남을 욕해 놓고는 "아휴....! 속이 다 후련하다."고 말하곤 한다. 정말 속이 후련할까.

언어의 표현은 바로 그 사람의 정신세계와 마음 자세를 나타내는 척도이기도 하다. 될 수만 있다면 자기와 가장 가까운 사람들일수록 더없이 친근하고 고운 말을 써야 한다. 가정에서 부모가 아이들에게 꾸지람을 할 때도 험악한 단어들이 남용되는 경우를 철저히 경계한다면 그게 바로 참 좋은 교육이 될 것이다.

악구중죄금일참회   惡口重罪今日懺悔

악담으로 지은 모든 무거운 죄를
내가 오늘 참회합니다.

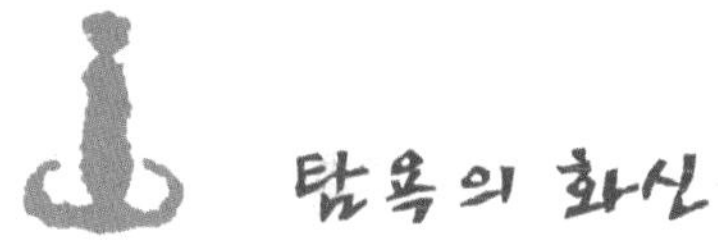

탐욕의 화신

　　지중해 연안에 자리잡고 있는 작은 나라 튀니지는 알제리와 리비아를 국경으로 하고 있다. 유럽과 아프리카의 중간 지점에 있는 북아프리카의 튀니지는 1881부터 75년간 프랑스의 식민 지배를 받다가 1956년에 신생 독립국이 된 인구 1천만이 조금 넘는 관광자원이 풍부한 나라다. 그런데 이 나라의 대통령이 야반 도주한 사건이 해외 토픽이 된 적이 있다.

　　이름조차 길어서 다 외울 수도 없는 지네 엘 아비디네 벤알리라는 사람이 무려 23년간이나 튀니지의 국가 원수로서 철권 통치를 하였다. 그는 대통령의 권좌에 있는 동안 온갖 호사를 다 누리며 국민 위에 군림하였다. 집권 내내 온갖 만행을 마다하지 않았으며 마구잡이로 권력을 휘둘러서 매우 나쁜 지도자로 소문난 사람이다. 심지어 서방의 언론들은 그 가족들이 흡사 마피아 갱단과 같았다고 평가하기도 했다.

무소불위의 권력과 달콤한 인생을 노래하던 사람이 하루아침에 도망자 신세가 된다는 것은 권력 무상, 인생 무상이다. 그가 그렇게 조국으로부터 쫓겨나 처량한 망명자 신세가 된 원인은 여러 가지가 있겠지만 그 중에서도 마누라를 잘못 둔 것이 오늘의 사단이라고들 한다.

그렇다면 그 마누라가 어떤 인물일까 궁금하다. 튀니지의 퍼스트레이디 레일라 여사가 오늘의 주인공이다. 레일라는 출생부터가 천한 집안 출신일 뿐만 아니라 끼니를 때울 수조차 없는 무척 가난한 집안에서 태어난 여자다. 어떻게 해서 벤 알리 대통령의 두 번째 부인이 되었는지는 알 수 없다.

성장 과정이나 배경이 중요한 것은 아니지만 가난한 어린 시절이 한이 되었는지 레일라 여사는 인접국인 아랍에미레이트 두바이에 쇼핑을 가면 고급 외제차에서부터 귀금속, 최고급 명품 옷가지 등을 싹쓸이쇼핑을 하는 병적으로 통큰 여자였다고 한다. 뿐만 아니라 호랑이를 애완견처럼 키울 수 있는 초호화 별장 여러 채와 억대의 외제 승용차를 전시장이 무색할 정도로 많이 가지고 있었다는 소문이다.

그것만 가지고는 사치의 극을 달린다 하겠는가. 프랑스 언론에 의하면 그가 부정축재로 프랑스 모 은행에 빼돌린 돈이 우리나라 돈으로 6조 2천억이나 된다고 한다.

　그들의 탐욕의 끝은 그뿐만 아니다. 마지막으로 튀니지 국가 은행으로부터 싯가 670억에 달하는 금괴를 빼돌려 가지고 튀었다는 소문이다. 튀니지는 대통령을 모시고 산 것이 아니라 도둑놈을 키우고 있었다. 이 모두가 욕심으로 뭉쳐진 레일라 여사의 작품이란다.

　대통령 집권 내내 처갓집 사돈네 팔촌까지 남의 회사를 거저 빼앗고 호의호식하며 살았다고 한다. 천년 만년 제왕과 같은 권좌에서 호사를 누리며 살 줄 알았던 레일라 여사의 극성스러운 사치와 끝없는 탐욕심은 마침내 대통령 남편을 도둑놈으로 만들어 쫓겨 다니는 신세로 전락시켜 버렸다.

　20세기 말 필리핀의 독재자 페르난드 마르코스 대통령도 21년간 장기 집권으로 필리핀을 통치하면서 부인 이멜다 여사의 사치스런 생활의 뒷돈을 대느라고 바쁜 사람 중의 하나였다. 그 역시 말년에는 권좌에서 쫓겨나 타국으로 망명을 떠나야 하는 비참한 최후를 맞이했다. 뒷날 이멜다 여사 이야기가 나오면 그녀의 호화스러운 생활이 사람들의 입 재미를 더했다.

　그녀의 사치를 엿볼 수 있는 내용은 초고가의 귀금속 악세서리들이 금고에 가득 차 있었고 그녀가 즐겨 신고 다녔다는 외출용 구두만 해도 무려 1천 켤레가 넘는다고 들었다. 이 여자 역시 자신의 탐욕에 짓눌려서 남편을 망가뜨리는데 톡톡히 한 역할 했던 사람이다.

　인간의 탐욕이란 무엇일까? 누구는 소유 개념이라고도 하고 또 어떤 이는 집착의 단면도와 같다고도 한다. 토마스라는 사람은 "탐심은 모든 사람이 앓고 있는 무서운 병이다."라고 정의했다. 이 세상 어떤 사람이든 어른 아이를 막론하고 제 눈에 보여지고 제 마음에 꼭 드는 것을 가지고 싶어하는 것은 당연하다. 다만 그 같은 것을 획득하려는 바람이 정당한가, 혹은 제 분수에 적당한가의 문제는 달리 생각해 볼 일이다. 스스로의 절제도 필요하다.

　인류의 문명은 문화적이든 과학적이든 어떤 형태로든 끝없이 발전하려는 속성을 갖고 있으며 그 바탕이 되는 것은 바로 의욕이다. 의욕의 상실은 생명력을 잃어버리기 때문에 의욕을 갖는 것은 중요하다. 그런데 자칫 의욕과 탐욕을 혼돈하는 경우가 있다. 다시 말하지만 의욕은 건강한 우리들의 미래요, 희망이다. 그러나 탐욕과 탐심은 불꽃만 바라보면 언제든 불에 뛰어들기를 주저치 않는 불나비와 같다.

　우리가 그토록 사랑하면서도 사랑하지 말아야 할 것은 정치적 권력과 휴대용 권력이라 말하는 돈이다. 이 돈이라는 물건은 탐욕을 부추기는 대명사다. 땅투기를 비롯한 각종 투기와 온갖 사행성 게임 등은 모두가 돈과 직결되지 않는 게 없다.

그러한 돈은 탐심의 옆자리에 서서 자꾸만 우리를 유혹한다. 어떠한 피의 대가를 치르더라도 더 가져라고 속삭인다. 이 탐욕의 덫에 걸리기만 하면 꼴까닥 숨이 넘어갈 때까지 돌이킬 수 없는 지경까지 가야만 끝이 난다. 탐욕을 경계하는 말들을 보자.

채근담 한 구절에는 "욕심이 많은 사람은 황금을 얻었음에도 불구하고 옥구슬마저 얻지 못한 것을 한탄하고 있다."고 가르친다. 반대로 "작은 것에 만족하는 사람은 씨래기국을 먹어도 맛있는 고기국을 먹는 것처럼 감사할 줄 안다."고 했다.

캘리포니아 주립대학 로버트에몬스 박사의 흥미로운 연구 논문에 의하면, 매일 반복해서 다섯 번 이상 고맙다는 말과 감사하다는 말을 쓰게 한 사람을 일 개월이 지난 뒤에 검사해 보았더니, 그렇지 않은 사람보다 스트레스를 덜 받고 뇌의 보상 부위의 세포들도 활성화 되었다고 한다.

그러면서 덧붙여 하는 말이 인상적이다. "마음이 내키지 않아서 억지로 남을 돕는 행위만으로도 누구나 행복할 때 경험하는 백혈구와 면역 글로브란이 증가한다."고 전한다.

탐심을 다스리는 가장 빠른 길이 남을 위해 기도하고 돕는 일이라는 것이다. 그것이 곧 자신을 돕는 일이며 스스로를 엄격하게 다스리는 지혜의 장이 열리는 것이라고 과학은 증명해 주고 있다.

탐애중죄금일참회　貪愛重罪今日懺悔

탐욕으로 지은 모든 무거운 죄를
내가 오늘 참회합니다.

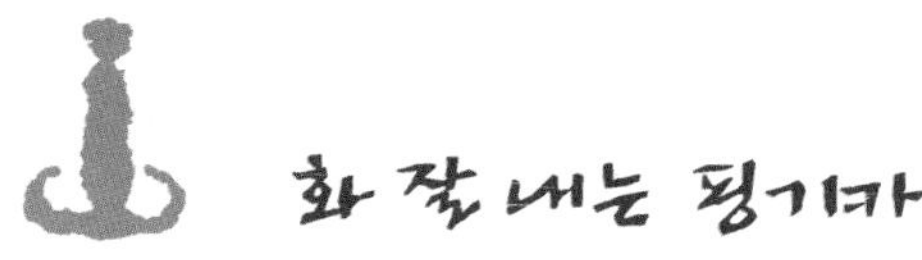

화 잘 내는 핑기카

부처님께서 제자들과 함께 기원정사에 계실 때였다. 외도 중 한 사람인 핑기카가 찾아와 사정없이 욕설을 하며 화를 돋우는 일이 있었다. 그는 자기가 아끼던 제자가 부처님 교단으로 귀의한 것에 앙심을 품고 온 것이다.

도대체 부처님이 어떤 사람이길래 남의 제자를 유혹해서 데려갔는지 따져 물으려 했다. 화가 머리끝까지 나 있던 핑기카는 자기의 분노를 참지 못하고 부처님을 향하여 자기가 알고 있는 욕란 욕은 다 퍼부어대며 삿대질을 하고 패악을 부렸다.

그때 부처님께서는 핑기카의 행동을 가만히 지켜보고 계시다가 그에게 말씀하셨다.

"핑기카여, 그대는 손님이 찾아오면 음식을 차려 내지 않느냐?"

핑기카는 얼굴을 씰룩거리며 퉁명스럽게 말했다.

"그야 물론 손님이 찾아오면 당연히 음식을 대접해야지요."

부처님께서는 입가에 미소를 지으시며 말씀하셨다.

"네가 아무리 맛있는 음식을 내서 대접하려 해도 손님이 그 음식을 손도 대지 않고 간다면 그 음식은 누가 먹느냐?"

말 같지 않는 소리를 한다는 투로 핑기카가 대답했다.

"그거야 물론 저희들 몫이 되겠지요."

"그러하다. 핑기카여, 네가 아무리 화를 내고 욕설을 해도 내가 마음으로 받아들이지 않으면 그것은 모두 그대의 몫이다."

그러자 핑기카는 얼굴을 붉히며 부처님의 자비하신 모습에 굴복하여 화를 삭이지 못한 자신을 부끄러워하며 물러갔다는 이야기다.

요즈음 현대인들은 '노(怒)' 자를 자주 쓴다. 분노(憤怒), 진노(震怒), 격노(激怒), 대노(大怒) 등 '성낼 노' 자가 들어가는 말을 쉽게 한다. '노'는 화를 다른 말로 표현한 것이다. 성냄이라는 것과 친하게 지낼 수밖에 없는 조건들이 여기저기 산재한 것만은 사실이다.

차 안이나 식당 등 대중이 모이는 시설에서 떠들며 마구 돌아다니는 아이를 단속도 못하는 부모를 보면 화가 난다. 퇴근 시간에 차들이 몰려 어마어마하게 밀리는 도로에서 별 것 아닌 접촉사고로 운전자들끼리 멱살잡이를 하고 싸우면서 혼잡을 가중시키는 모습도 화가 난다.

무작정 화를 내어 문제를 해결하겠다는 생각은 자신의 부족한 소양만 드러나게 한다. 개인적으로 성품이 조금씩 다르긴 하지만 화를 잘 내는 사람은 대체로 성격이 급한 편이다. 그래서 무슨 일이든 서두르게 되어 있다. 그러다 보면 자기가 바라는 대로 일이 빨리 진행되지 않거나 서두르다 실수한 부분들이 화를 내게 하는 요인이 된다.

부정적 견해와 습관적으로 표출하는 불만스러운 표정과 짜증 섞인 목소리도 화가 일어나는 원인의 한몫을 한다. 필요 이상으로 상대의 행동을 기대하는 것도 실망감을 가져올 수 있고 그러다 보면 참을 수 없는 화가 나기 마련이다.

화란 강박관념과 자기 논리의 모순을 극복하지 못한 사람들이 비이성적으로 접근하는 태도를 말하는 것이다. 극악스럽게 막말을 해 대며 화를 내다 보면 자신도 모르게 상대에게 치명적인 마음의 상처를 입히게 된다. 게다가 화를 받아주는 사람의 입장은 대부분 자기보다는 만만한 아랫사람일 경우가 많다.

그 화풀이의 대상이 되는 사람도 바보가 아닌 다음에야 왜 생각이 없겠는가. 꾸짖음이 부당하다고 느낄 때 '네가 나를 얼마나 얕보면 이따위 하찮은 일로 내 자존심을 짓밟는 것이냐 두고 보자.' 하는 마음이 생긴다. 자칫 그 결과는 끔찍한 복수심으로 나타날 수도 있다는 이야기다.

티벳 속담에 가장 큰 욕설 가운데 하나가 "저 사람은 화를 잘 내는 사람"이라고 한다. 속된 표현으로 더러운 성질을 가진 자라는 말이다. 전문 의사들의 말을 빌리면 화를 잘 내는 사람은 심장과 간이 상하고 장기에 무리가 온다고 한다. 뿐만 아니라 주변 사람들로부터 좋은 평가를 받아 오던 사람이 화 한번 잘못 내다가 그동안 애써 쌓아놓은 자신의 공적이 일시에 무너지는 참담한 경우를 당하는 경우도 흔하다.

모든 업적이 무위로 돌아간다면 얼마나 억울한 일일까, 분노를 느끼는 상황은 이성적인 화인가, 감성적인 화인가가 중요하다. 감성적 화는 자기 중심적 사고에 의해 작은 일에도 참지 못하고 벌컥벌컥 화를 내는 조잡한 인격체에서 비롯된다. 이는 극히 이기주의적이며 정서가 안정되지 못한 편에 서 있는 사람이라 할 것이다.

그렇다면 이성적인 화란 무엇인가? 누구나 함께 공분할 수밖에 없는 사건들, 예를 들어 을사늑약을 체결했던 매국노의 후손들이 조국을 팔아 축재한 재산을 돌려 달라고 국가를 상대로 소송을 제기하는 경우나, 자신의 통치 기간 중 IMF를 일으켜 온 나라를 거지꼴로 만들어 놓고서도 통렬한 사과 한마디 없는 질 나쁜 족속들을 향해서는 한번쯤 화를 낼만 하다.

화라는 것은 결코 인욕으로 다스리지 않는다면 활활 타오르는 불길과 같아서 부채질하면 더 더욱 잘 타는 성질을 가지고 있다. 욕심과 무지가 빚어낸 화라는 놈을 제압할 수 있는 아주 좋은 처방을 내놓으신 프름빌리지의 방장 틱낙한 스님의 말씀을 새겨보자.

"화란 젖먹이 어린아이와 같아서 자비심으로 끌어안고 잘 다독여만 준다면 화는 어느 새 새근새근 잠들어 버린다. 화내는 것도 습관이 될 수 있다. 화의 연결고리를 끊는 반복된 행동이 중요하다."

감정을 잘 다스리지 못할 때 부처님 말씀 가운데 『잡아함경』 한 구절을 권한다.

"남을 상처 줄 마음이 없다면 성내는 것이 어리석은 깃임을 알아차려야 하리라."

진에중죄금일참회　嗔恚重罪今日懺悔

성내는 말로써 지은 모든 무거운 죄를
내가 오늘 참회합니다.

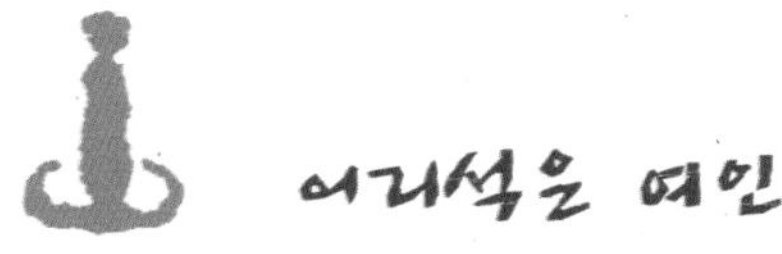

어리석은 여인

아주 오랜 옛날 옛적에 선정을 베풀어서 국민의 신망을 받는 국왕이 살고 있었다. 이 왕에게는 슬하에 용모가 출중하고 지혜가 남다른 외아들이 있었다. 그는 날마다 경전을 공부하여 수행자와 다름없이 착하고 어질며 고매한 인격을 가진 왕자였다. 하루는 아버지 되는 대왕이 신하들을 불러 놓고 말하기를, "내가 이제 나이가 많아서 왕 노릇을 더 이상 못할 것 같소. 하여 내 아들에게 왕권을 물려 주려하오." 했다.

그러자 대왕의 뜻을 받드는 대신 중 한 사람이 말하기를, "대왕님이시여, 지금은 곤란합니다. 대왕님의 동생이 호시탐탐 왕의 옥좌를 넘보고 있습니다. 자칫 잘못하면 왕자의 목숨이 위태롭습니다."하고 만류했다.

이 사실을 알고 있던 대왕은 정치 수완이 뛰어난 자신의 동생이 왕권을 노리고 무슨 흉악한 짓을 할지 걱정스러웠다. 그러자 충직한 신하 중 한 사람이 남몰래 찾아와 이르기를, "대왕이시여, 오늘밤 안으로 왕자님을 성 밖으로 내 보내십시오. 그러면 저희들이 언젠가 대왕님의 동생을 제거하고 왕자님을 다시 모셔올 것입니다." 하고 계책을 내놓았다.

대왕은 신하의 말에 따라 왕자 부부를 아무도 모르게 변복을 시켜서 성 밖으로 내보냈다. 갑자기 성에서 내쫓긴 왕자는 부인을 데리고 밤새도록 산을 넘고 들을 지나 나라에서 멀리 도망했다.

얼마쯤 가다가 치쳐버린 왕자 부인은 목이 말라 한 발자국도 움직일 수 없었다. 그러나 그곳은 물 한 방울 나지 않는 사막지대와 다름없었다. 너무나 갈증을 호소하는 부인을 위해 왕자는 하는 수 없이 자신의 팔뚝 살점을 떼어 피를 내서 부인의 목을 적셔 주었다.

겨우 정신을 차린 부인은 고맙다는 말도 하지 않고 지금의 쫓기는 처지만을 원망했다. 그러는 동안 어느 큰 강가에 이르렀다. 두 사람은 강을 건너기 위해 나룻배를 찾아 나섰다. 마침 조그마한 배가 한 척 있어 사공에게 부탁해서 강을 건너려 했다. 그런데 웬일인지 사공은 왕자에게 말하기를, "젊은이, 당신은 건네 줄 수 있지만 저 여자는 배를 태워줄 수 없소."하고 거절했다.

왕자는 사공에게 "저 사람은 나의 아내입니다. 부부가 함께 강을 건너가야지 어떻게 아내를 버리고 나 혼자만 강을 건널 수 있단 말이요."하고

말했다. 그러자 사공은 말하기를, "내가 관상을 보아하니 저 여인은 너무
나 박복하고 어리석어서 배를 타고 강을 건너기도 전에 배가 뒤집힐 위
험이 있소. 그러니 평소에 착한 일을 많이 하고 적선의 공덕이 큰 당신만
건네주려는 것이요."하고 단호하게 거절했다.

그러자 왕자는 사공에게 간절히 말하기를, "이보시오. 사공, 당신의 말
대로 내가 그렇게 공덕이 많은 사람이라면 내가 가진 공덕을 내 아내에
게 조금 나누어 주겠소. 그러면 강을 건네줄 수 있지 않겠소."하고 애원
했다. 하는 수 없다는 듯 사공은 두 사람을 태우고 강을 건네주었다. 강
을 건너가자 배에서 내린 왕자 부부는 쫓기는 긴박감에서 잠시 한숨을
돌리게 되었다.

두 사람은 강기슭을 따라 한참을 거슬러 걸어 올라가고 있을 때 강물
을 따라 무엇인가 큰 물체가 떠내려오는 것이 보였다. 그 물체가 무엇인
가 궁금했던 두 사람은 그것을 건져 올렸다. 그런데 거기에는 뗏목 같은
것에 두 다리가 모두 절단난 흉악범이 꽁꽁 묶인 채 떠내려가고 있었다.

그 같이 측은한 몰골을 한 죄수를 그냥 내버려 둘 수 없었던 자비로운
왕자는 그 흉악범을 뗏목에서 건져내어 자신이 가지고 있던 약품으로 정
성껏 치료를 해 주었다. 그러자 그의 아내는 "우리도 쫓기는 형편에 남을
돕는다는 것이 말이 되지 않습니다. 제발 그만두고 가던 길이나 어서 가

시지요."하고 말렸다.

왕자는 몰인정한 아내를 타이르며 "모든 생명은 다 소중한 것이요. 죽어가는 사람을 그냥 두고 간다면 그것은 우리가 저 사람의 생명을 가벼이 여기는 것이요. 곧 나쁜 업을 짓는 것이 됩니다."하고 말했다.

얼마의 시간이 흐른 뒤에 정신을 차린 흉악범은 자신이 살아난 것을 기뻐하며 두 사람에게 감사하다는 인사를 했다. 그가 살아난 것을 본 두 사람은 그를 두고 길을 떠나려 했다.

그러자 흉악범은 말하기를, "인적도 없는 이곳에 나를 두고 가시면 걸을 수도 없는 나는 분명 들짐승의 밥이나 되고 말 것입니다. 제발 인가가 있는 곳까지라도 날 데려다 주십시오."하고 간절히 부탁했다.

그의 애원하는 눈빛을 거절하지 못한 왕자는 두 다리가 없는 흉악범을 등에 업고 걷기 시작했다. 얼마 동안 길을 가면서 이런 저런 이야기를 주고 받다가 흉악범이 갈 곳이 마땅치 않음을 불쌍히 여긴 왕자는 그와 함께 살게 되었다.

그러나 그의 부인은 늘 불만이었다. 어느 날 식량이 떨어져서 양식을 구하려고 마을로 내려간 왕자는 한동안 집에 돌아올 수 없었다. 그러는 사이에 이 흉악범은 자신의 고향에 가면 엄청난 부자 아버지가 있다고 거짓말을 하였다. 흉악범은 "그곳에만 가면 아름다운 당신을 이처럼 고

생시키지 않고 풍족하게 살게 해 주겠소."라는 달콤한 약속을 했다.

왕자의 부인은 그 꼬임에 빠져 그와 정을 통하고 왕자가 돌아오기 전에 흉악범을 업고 고향으로 도망가 버렸다.

그렇게 세월이 흐른 뒤, 왕자는 부왕이 죽은 뒤 왕권을 잡은 삼촌이라는 사람이 너무나 포악하게 나라를 다스리다가 대신들의 손에 죽었다는 소식을 들었다. 왕자는 찾아온 사람들과 함께 다시 궁으로 돌아가 정식 대관식을 가지게 되고 적통의 왕자로서 왕위를 계승하게 되었다.

다시 얼마쯤 시간이 흘렀을까. 그러던 어느 해인가 온 나라가 흉년이 들어 굶주린 사람들이 죽어나가는 사건이 생겼다. 그러자 궁중에서는 긴급 회의를 갖게 되었다. 왕의 특명에 의해 궁 안에 있는 쌀들을 모두 풀어서 굶주린 사람들을 구제하라는 명이 떨어진 것이다. 그리고 왕이 손수 거리에 나가 걸인들의 바가지에 쌀 한 웅큼씩을 나누어 주고 있었다.

그때였다. 두 다리가 없는 남자를 등에 업은 초라한 여자가 깨진 바가지 하나를 들고 제 차례를 기다리고 있었다. 그녀를 발견한 왕은 신하를 시켜서 그 남녀 거지를 불렀다. 난데없이 왕 앞으로 불려 나온 그녀는 자기 앞에 앉아 있는 대왕이 한때 자신이 버린 착한 왕자님이었다는 사실도 눈치채지 못했다.

대왕이 "여인이여, 너의 등에 업혀 있는 사람이 누구냐?" 하고 물었다.

그녀는 "제 등에 업혀 있는 사람은 어려서 부모님이 정해준 제 남편입니다." 하고 대답했다. 대왕은 "그래! 그렇다면 네 남편의 이름이 법화동자이겠구나." 하고 말하니 순간 그녀의 뇌리를 스치는 것이 있었다. 분명 전 남편의 이름은 법화왕자님이었던 것이다.

어떻게 왕자님의 이름을 알고 있단 말인가. 그녀는 고개를 들어 대왕을 바라보았다. 아니 이럴 수가, 대왕이 바로 법화왕자님이 아닌가. 소스라치게 놀란 여자는 혼비백산하여 쓰러졌다. 다시 정신을 가다듬은 그녀는 한없이 어리석은 자신을 후회하며 눈물을 흘렸다. 그리고는 부끄러운 지난날을 감추려는 듯 다리 없는 흉악범을 업고 군중 속으로 사라졌다.

우리에게 있어 가장 소중한 가치는 무엇인가? 그것은 바로 신의(信義)다. 아무리 큰 이익이 눈앞에 있어도 바꿀 수 없는 것이 신의다. 제 아무리 대단한 권력을 대가로 보상 받는다고 해도 신의를 저버린 인생은 별 볼일 없는 인생이다.

대다수의 사람들이 아주 쉽게 생각하는 신의 문제는 세상의 모든 연결고리의 이음새와 같다. 국가 간의 신의, 개인 간의 믿음, 상도의와 거래에 대한 절대적 신의는 더 말할 것도 없다. 또한 부부간의 믿음뿐만 아니라 형제간, 부모 자식간, 이웃간의 이 같은 신의는 매우 소중하다. 신뢰가 깨져버린 사회는 볼 장 다본 사회다. 그러나 더러는 사람들이 당장의 이익을 목전에 두면 눈에 보이는 것이 없게 마련이다.

그러면 그때부터는 제 자신이 무슨 짓을 하는지조차 모르게 된다. 엄청난 실수를 저지르고 있는 사람일수록 스스로 돌이킬 수 없는 바보 멍텅구리 같이 어리석은 짓을 하고 있다는 사실을 깨닫지 못하는 경우가 많다. 눈을 떠서 더 큰 곳을 바라보면 보잘 것 없이 작은 신의가 눈에 들어오게 되어 있다. 그러면 어리석은 인생의 굴레를 탈출할 수 있다.

치암중죄금일참회　痴暗重罪今日懺悔

어리석음으로 인해 지은 모든 무거운 죄를
내가 오늘 참회합니다.

죄가 본래 없다고 하나 마음으로 좇아서 일어나니
마음이 없어지면 죄 또한 없어질 것입니다.

제 7 장
믿음이 깊다면

사랑의 약속

믿음이 깊다면

무한한 능력

진언 모음

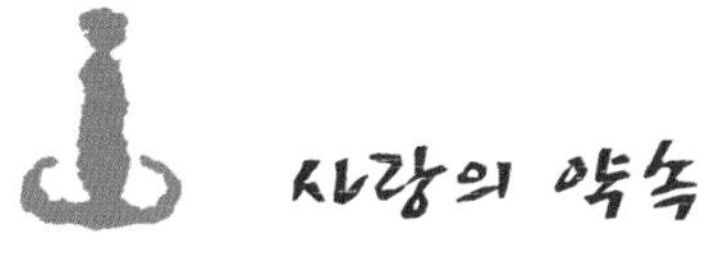

　　1873년 4월에 태어난 러시아 낭만파 음악의 거장 라흐마니노프의 일생은 너무나 드라마틱 했다. 러시아의 노브고르트의 일멘 마을 호숫가 대저택에서 남부럽지 않게 어린 시절을 보낸 라흐마니노프는 할아버지가 아주 부자였다고 한다.

　하지만 퇴역장교로 전역한 아버지가 새롭게 시작한 사업마다 실패를 거듭하여 마침내 재산을 모두 탕진하면서 끼니를 걱정할 정도로 집안이 몰락했다.

　하지만 그의 음악적 재능을 알아본 삼촌의 추천에 의해 러시아 음악 학교에 입학할 수 있었고 거기서 만난 리콜라이 즈베르프의 철저한 지도를 받았다. 그리하여 24세의 젊은 나이에 러시아에서 몇 안 되는 유명한 작곡가로 러시아 음악의 전당 볼쇼이 극장 상임 지휘자가 되었다. 그러나 자작곡 교향곡 1번을 세상에 내놓은 뒤로 수많은 평론가들의 악의적 혹평을 받고 좌절하기 시작한다. 한동안 우울증에 시달리며 음악가로서의 삶을 포기하려고도 했다. 그러나 니콜라이 달 박사를 만나 치료를 받고 다시 재기를 꿈꾼다.

다시 일어난 라흐마니노프는 저 불멸의 명작 피아노 협주곡 2번 C단조를 작곡해 냈다. 이어서 피아노 협주곡 3번 D단조를 작곡하고 연이어 내놓은 합창교향곡도 좋은 호평을 받는다. 하지만 그는 안타깝게도 러시아 혁명의 소용돌이에 휘말려 특별한 이유도 없이 미국이라는 낯선 나라로 망명하게 된다.

1917년부터 시작되는 25년 동안 그의 미국 생활은 불행했다. 죽을 때까지 피아노를 연주해서 생활을 연명할 수는 있었지만 진정한 자기 작품을 하나도 창작해 내지 못한다. 겨우 피아노와 관현악을 위한 '파가니니의 주제에 의한 광시곡'을 편곡하는 수준을 넘지 못했다.

후세 사람들은 그의 음악은 달콤한 슬픔이 베어나는 음악이며 너무나 섬세하고 고요한 흐름과 장중한 리듬은 거의 완벽에 가까운 음악이라고 평가하는 이도 있다. 불멸의 작곡가이며 피아니스트인 라흐마니노프의 운명은 고국을 그리는 한을 풀어내지 못하고 끝내 낯선 이국땅에서 생을 마감하고 말았다. 나는 클래식 음악에 대해서는 문외한이다. 다만 글을 쓰면서 자료를 찾다가 한 가지 재미있는 사건을 발견하게 되었다.

라흐마니노프의 생애 중에서 가장 극적인 장면이라 할 수 있는 그의 부인에 관한 이야기다. 라흐마니노프는 그의 사촌 여동생 나탈리사를 사랑하게 된다. 그리고 그녀와의 결혼을 약속해 버린다. 그러나 그의 결혼은 러시아 정교회(한국의 가톨릭)의 반대에 부딪히게 된다. 그와 같은 결혼은 있을 수도 없고 있어서도 안 되는 근친상간의 패륜적 발상이라고 반대한 것이다.

그러나 모두의 우려와 반대 속에서도 나탈리사와 결혼하였다. 그의 행동이 진정한 용기인지, 만용인지 아니면 범죄 행위인지, 그도 아니면 정당한 사랑의 쟁취인지는 보는 시각에 따라 다를 수밖에 없다. 정신적으로 자기인지의 부조화형 인간이라는 가혹한 비난을 받기도 했다. 하지만 어떠한 대가를 지불하고 어떤 형벌이 기다린다 해도 끝내 자신의 사랑을 지켜냈다.

여기서 우리는 라흐마니노프의 사랑을 두고 그는 도덕적으로 타락한 사람이다, 천벌을 받아야 할 추잡한 인간이다, 부끄러움을 모르는 몰염치한이라고 지탄하는 편에 설 것인가. 아니면 사회적 통념과 관습을 뛰어넘은 순수한 양심을 가진 아름다운 영혼의 로망이라고 박수를 보낼 것인가 하는 문제에 직면하게 된다.

선(善)과 악(惡), 죄(罪)와 벌(罰). 이 같은 대립적 단어의 관계를 어떻게 정의할 수 있을지 모르겠다. 맹자의 성선설(性善說)은 사람은 본래부터 선하게 태어났다고 주장한다. 그러나 순자는 인간은 본디 탐욕스러운 동물이기에 제 어미의 태를 잡고 나올 때부터 악한 기운을 타고 난다는 성악설(性惡說)을 주장했다.

이처럼 철인들이 주장하는 내용도 한결같지는 않다. 다만 인간은 어차피 사회성과 합리성을 토대로 관계와 관계의 타협을 유지한다. 그리하여 다수의 정의가 곧 법과 제도가 되는 것이다. 이를 바탕으로 어떤 것은 악이 될 수도 있고, 어떤 경우는 선이 될 수도 있다. 물론 시대적, 환경적 조건에 따라 변할 수는 있을 것이다.

그러나 아무리 시간이 변해도 인간의 마음은 살인이나 도둑질, 음란, 질투, 비방 등 사악한 씨앗들과 가까이 하지 않으려고 할 것이다. 건강한 이성적 판단과 도덕적 감각이 살아있을 때는 별 문제가 없다. 하지만 세상을 바라보는 눈이 부정적이고 삐딱해지기 시작하면 악이라는 놈도 저절로 스스로 알아서 작동한다.

그래서 마음 하나 제대로 건사하는 것이 정말 중요하다는 것이다. 부처님께서는 "선(善)이나 악(惡), 모두가 마음의 쓰임에 따라 악인이 되기도 하고 선인이 되기도 한다."고 가르치셨다. 또 "마음이란 본래 찾으려고 하면 흔적을 찾을 수가 없으니 마음이 없다면 선도 악도 없는 것"이라고 하셨다.

육조 혜능조사는 "불사선(不思善)에 불사악(不思惡)하라."고 하셨다. 애써 착한 척도 하지 말고 일부러 악한 행동을 지으려는 생각조차도 쓰레기통에 버려라는 이야기다. 이 세상 누구도 타인을 신랄하게 비방하고 비판할 면허증이나 자격증을 가지고 있지 않다.

그러므로 저마다 오늘을 살면서 부끄럽다고 느끼는 행동이나 순수하지 못했던 양심을 반성하는 기회를 가져야 한다. 참회의 불교적 의미는 특별한 것이 없다. 바로 자신의 부끄러운 마음을 개선하려는 의지, 이것이 진정한 뉘우침이며 참회다. 구태여 사참(事懺)과 이참(理懺)을 논하지 말자. 순수한 양심으로 돌아오려는 개선의 의지만이 인간을 인간답게 하는 길이다.

백겁적집죄　百劫積集罪
일념돈탕진　一念頓蕩盡
여화분고초　如火焚枯草
멸진무유여　滅盡無有餘

오랜 세월 쌓인 나의 죄업을

한 순간에 소탕해서 제거해 주옵소서.
마치 마른 풀을 산더미처럼 쌓아 놓았다 하더라도
불이 붙으면 일시에 타 버리는 것처럼
그렇게 소멸되게 해 주옵소서.

죄무자성종심기　罪無自性從心起
심약멸시죄역망　心若滅時罪亦亡
죄망심멸양구공　罪亡心滅兩俱空
시즉명위진참회　是即名爲眞懺悔

죄가 본래 없다고 하나 마음으로 좇아서 일어나니
마음이 없어지면 죄 또한 없어질 것입니다.
마음과 죄가 없어서 텅 비게 되면
이것이 진정 참회일 것입니다.

참회진언　懺悔眞言
「옴 살바 못자 모지 사다야 사바하」

믿음이 깊다면

일본 불교는 부처님의 경전 가운데 가장 으뜸으로 여기는 『법화경』을 소의경전으로 한다. 그래서 『법화경』 연구모임과 학술단체도 많다. 수많은 경전 가운데 유독 『법화경』만을 중심 사상으로 섬기는 법화종단이 몇 개의 큰 규모로 조직되어 있다.

심지어 여타의 기본교리에 앞서 '나무묘법연화경'이라고 하는 경의 제목만 외우도록 지도하는 수행 집단도 있다. 우리나라에도 이 종교 단체가 들어와 있는 것으로 안다. 부처님의 가르침이 어떤 것은 더 좋고 어떤 것은 조금 덜 좋다고 비교 우위를 논하는 자체는 졸렬한 중생 놀음일 뿐이다.

부처님의 뜻은 종이나 활자에 박혀 있는 것이 아니다. 부처님께서 가르친 진리는 신(信)·해(解)·행(行)·증(證)에 있다. 먼저 믿음이라고 하는 굳건한 기반을 다지지 않고는 백날 절에 다니고 부처님을 믿는다고 떠벌려도 다 부질없는 헛공사다. 그렇다고 한다면 어떻게 해야 부처님 말씀에 부합하는 삶으로의 전환이 가능할까. 궁금할 것이다. 걱정할 것 없다. 방법은 지금보다 더 뜨거운 열정을 가져야 한다는 것이다. 사람에게 있어서 그것이 어떤 성질의 일이든 열정이 식었다고 하는 것은 마치 시들어가는 꽃잎처럼 별 볼일 없이 처량한 인생이 되기 때문이다.

그러므로 더 적극적으로 도전해 나아가는 삶이라야 혼신을 다한 인생경영이라고 정의할 수 있을 것이다. 따라서 강력한 믿음만 제대로 갖고 있다면 알고 싶은 해(解)라는 놈은 저절로 풀어져서 다가오게 되어 있다. 알고 나면 실천하지 않을 수 없으니 행(行)이 되고 그 다음은 나의 이웃들에게 불자의 모범적인 삶을 보여 주는 일인 증(證), 즉 증거를 내놓는 일이 된다. 어려울 것이 하나도 없다. 참 쉽다. 믿음의 농도가 짙어가기만 한다면 저절로 술술 풀린다고 해도 좋다.

다시 『법화경』 이야기로 돌아가 보자. 『법화경』 제17품 「분별공덕품」은 부처님의 가르침을 믿고 행하는 각각의 방식에 따른 공덕이 핵심내용이다. '분별'이라고 하는 것은 어떤 문제를 둘로 나누어 본다는 것이다. 따라서 문제는 무엇을 둘로 나누어 보느냐는 것이다.

부처님께서 생존해 계실 때의 믿음의 척도와 부처님이 안 계시는 오늘날 불자들의 믿음을 둘로 나누어 생각해 보면 어떨까. 무한한 진리의 생명력이 시공을 초월하여 끊어지지 않고 전하여지고 있는 이즈음의 공덕을 부처님이 계실 때와 비교하면 어떤 것이 더 가치 있는 믿음인가 하는 것이다.

예를 들어 학교에서 선생님이 지켜보고 계실 때 선생님으로부터 직접 지도 받는 공부와 달리, 방과 후 선생님이 안 계셔도 스스로 자기를 제어하고 다스리며 공부를 게을리하지 않는 학생의 학업 성적은 그렇지 않은 학생보다는 훨씬 앞선다고 보아야 할 것이다.

그 때문에 부처님께서도 당신이 안 계시는 말법 시대를 대비하여 '자등명(自燈明) 법등명(法燈明)'을 말씀하셨다. 당신이 없는 시대에도 자신이 말한 진리를 잘 새겨서 어리석은 유혹에 빠지지 말고 일상의 지혜로 쓰여지기를 바라셨던 것이다. 또 말씀하시기를, "일념신해(一念信解)하여야 한다."고 가르치셨다. 일념이란 최소한의 짧은 시간 안에 집중적으로 하는 것을 말한다.

신해는 그 믿음이 온몸으로 체험되어지는 것을 의미한다. 오로지 한 생각으로 당신의 말씀을 믿고, 읽고, 쓰고, 외우고, 지니고, 이웃들에게 불서 한 권이라도 전하는 실천적 용기를 주문하신 것이다.

이렇게 언급된 불자들의 공적(功績)이 아니 공덕(功德)이 얼마만큼의 복을 받을 것인가의 분별, 즉 손익 계산을 해 보는 부분이 바로 『법화경』

「분별공덕품」이다.

　나에게도 복락이 되고 남에게도 이익을 주는 방법이란 단순하다. 우선 고요하고 평화로운 마음으로 자리를 펴고 앉자. 그리고 오직 한 생각으로 부처님의 경전을 외우거나 옮겨 써 보자. 그리하면 분명 모든 소원을 다 이루게 해주는 부처님 경전을 만나게 되어 있다. 그 순간부터 일체의 악한 에너지는 연기처럼 사라지고 없어진다. 어쩌면 부처님이나 하늘나라 사람들이 받을 수 있는 복락을 더불어 받게 될 것이라는 약속일 수도 있다.

　그러므로 불자들이여, 깨어나라. 작은 소원을 이루었다고 그것에 만족하여 주저앉지 말고 지속적으로 쉬지 말고 정진하자. 더 큰 깨달음의 세계로 나아가야 하지 않겠는가. 가세 가세 어서 가세. 저 니르바나 언덕으로 가세.

준제공덕취　准提功德聚
적정심상송　寂靜心常誦
일체제대난　一切諸大難
무능침시인　無能侵是人
천상급인간　天上及人間

수복여불등　受福如佛等
우차여의주　遇此如意珠
정획무등등　定獲無等等

준제공덕의 큰 덩어리 항상 고요한 마음으로 외우면
일체 모든 재난들이 준제보살님의 위신력에 의해
감히 침범하지 못한다.
천상 사람이나 세상 사람이나 부처님과
똑 같은 복을 받을 수 있다네.
이 보배 구슬 만나면 반드시 깨달음을 이룰 수 있다네.

무한한 능력

　　르네상스 시대의 걸작인 레오나르도 다빈치의 모나
리자는 아름다운 미소로 유명하다. 흔히 수수께끼 같이 풀 수 없는 신비
의 미소라고들 말한다. '최후의 만찬'과 함께 다빈치의 대표작으로 꼽히
는 '모나리자'는 그림이 그려진 일화 또한 무척 재미있다.

　이 초상화의 모델은 프란체스코 델 조콘다라는 사람의 부인인데 이들
이 살았던 곳은 이탈리아의 피렌체라는 곳이다. 이 시대의 피렌체에는
조금 행세한다는 명사들이 자신들의 사회적 위치를 과시하고자 가족들
의 초상화를 앞다투어 그리는 것이 유행이었다고 한다.

　이때 조콘다는 피렌체에 잠시 머물고 있던 레오나르도 다빈치에게 부
탁하여 부인의 초상화를 부탁하게 된다. 그런데 문제는 모델이 포즈를
취하는 시간이 무려 4년이나 걸렸다고 하니 조콘다 부인의 고역도 말로
다할 수 없었을 것이다.

　그림을 그리는 기간 동안 봄, 여름, 가을, 겨울 계절의 변화와 매순간

일어났다 사라지는 희로애락의 표정을 짚어낸다는 것은 찰나를 잡을 수 있는 사진이 아니고서야 불가능한 작업이다. 작년의 얼굴 표정과 올해의 표정이 다르고 웃을 때와 우울할 때 나타나는 인상이 다른데 어떻게 시작부터 끝까지 똑같은 얼굴 표정을 그려낼 수 있겠는가.

그러다 보니 오랜 시간 포즈를 취하는 부인의 고통을 덜어주기 위해 다빈치의 초상화 작업이 한창일 때 다른 한쪽에서는 익살스러운 재담꾼이 노래를 부르고 춤을 추며 부인의 표정을 살려내려고 무진 애를 썼다고 한다.

이 같은 노력 끝에 얻어진 모나리자는 정작 초상화를 부탁했던 조콘다로부터는 마음에 들지 않는다고 거절 당하고, 훗날 다빈치는 프랑스로 건너가 프랑소와 1세에게 헐값에 팔아버린다. 그것이 오늘날 퐁텐블로의 성에 소장된 그림이다.

레오나르도 다빈치의 독창적 재능은 오늘날에도 규정 불가한 인물로 손꼽힌다. 그는 화가로서 뿐만 아니라 조각가, 건축가, 식물학, 기계학, 해부학, 지질학 등 특히 발명가로도 평가받고 있다. 르네상스의 아버지라 불리는 레오나르도 다빈치의 역량과 엄청난 업적은 오늘날 미술사적 가치뿐만 아니라 다양한 분야에서 새롭게 조명되고 있다. 한때는 그다지 크게 관심 받지 못했던 다빈치지만 모나리자 그림이 인쇄본으로 세상에 뿌려진 뒤에는 그림에 대한 지식이 없는 사람도 다빈치를 모르는 사람이 없게 되었다.

이와 마찬가지로 우리 일반 불자들에게는 『천수경』에나 나오는 준제보살의 의미가 그렇게 또렷이 각인되어 있지 않다. 그냥 『천수경』을 암송할 때 세 번 외우고 지나가는 한 구절로만 알고 있다. 하지만 준제보살의 엄청난 위신력을 안다면 명호조차 함부로 부를 수 없는 보살님이라는 사실을 알게 될 것이다.

맑고 깨끗한 상태에서 집중력을 모아서 부르지 않으면 자칫 부르는 사람에게 재앙이 찾아올 수도 있을 만큼 한편으로는 자비롭지만, 다른 한편으로는 무서운 분이 바로 준제보살이다. 그럼 준제보살에 대해 자세히 알아보자.

'나무칠구지불모 대준제보살(南無七俱胝佛母 大准提菩薩)'에서 '나무'라는 뜻은 '준제보살님께 귀의합니다' 라고 이해하면 된다. 그 다음이 '칠구지' 인데 칠구지란 번역하면 7억의 부처님을 만드신 부처님들의 어머니 대준제보살님이라고 풀어서 번역할 수 있다. 그렇다고 한다면 준제보살님의 정체는 누구인가.

밀교에서 분류하는 준제관세음보살님은 일곱 분의 관세음보살님 중의 한 분이다. 천수관음, 마두관음, 십일면관음, 여의륜관음, 준제관음, 불공견색관음, 성관세음보살님 등 일곱 분 가운데 세 개의 눈과 열 여덟 개의 팔을 가지신 분이 준제관세음보살님이다. 세 개의 눈은 각기 다른 상징적 의미로 나타난다.

첫째는 미혹한 중생심의 어리석음을 제거해 주는 눈이며, 두 번째 눈은 죄 많은 인간들의 죄업을 씻어주는 역할을 하며, 세 번째 눈은 수많은 중생들의 고통과 괴로움을 덜어 주기 위한 눈빛이라고 한다. 특히 준제보살님은 빈번이 중생계에 나타나 우리들의 어려운 상황을 극복할 수 있도록 도움을 주는 보살님으로 널리 불린다. 그런데 왜 준제보살님을 7억 명에 이르는 부처님의 어머니가 되신다고 하는 것일까.

누구나 청정한 마음 자리를 찾으면 바로 우리가 부처라는 것을 일깨워 주는 분 역시 준제보살이다. 그렇기 때문에 준제보살의 삶은 티끌 하나 없이 맑고 깨끗한 본래 청정으로 구현된 세계라고 할 수 있다. 적어도 준제보살을 부르려거든 준제보살을 자신있게 부를 수 있는 마음 자세가 되어 있는지 자문해 보아야 한다. 아니라면 바른 의식 속에서 끊임없이 자기 정화를 꾀하고 순수성을 잃지 않는 마음자리로 돌아올 수 있도록 매진하여야 한다.

진언 모음

정법계진언　淨法界眞言
「옴 남」
깨끗하게 주변을 청소했습니다.

호신진언　護身眞言
「옴 치림」
제 몸을 제가 잘 간수할 것입니다.

觀世音菩薩本心微妙六字大 明王眞言
관세음보살본심미묘육자대명왕진언
「옴 마니 반메 훔」

관세음보살님의 미묘한 마음속으로 바로 전달할 수 있는 여섯 자로 된 비밀스러운 주문 중 가장 으뜸가는 진언을 말한다. 특히 이 '옴 마니 반메 훔'은 티벳의 일반 불교 신자들에게서 널리 염송되고 있다. 마니차(둥근 깡통 같은 것)를 돌리며 부르거나 108염주를 굴리면서 염송하면 팔만대장경을 모두 공부한 것과 똑같은 공덕이 있다고 가르치고 있다.

이 '옴 마니 반메 훔'의 진언을 단 세 번만 염송하여도 60억에 달하는 불보살님의 이름을 부르는 것과 같다고 한다. 다른 곳에서는 우리나라 불자들이 널리 애송하고 있는 '광명진언'을 줄여서 함축해 놓은 것이라고도 한다.

준제진언 准提眞言

「나무사다남 샴막삼못다 구치남 다냐타 옴 자례주례 준제 사바하 부림」

7억의 부처님과 불보살님께 의지하려 합니다.

이것을 풀이하면 '저희를 가엽게 여기사 지금 곧 신장님 가운데 으뜸이신 보안장보살을 보내주셔서 저희를 가로막는 쓸데없는 장애들을 제거하여 주시옵소서.'라고 할 수 있다.

완전한 풀이는 아니지만 이 같이 『천수경』의 맨 마지막 장의 진언으로 마무리 되는 준제진언은 상당히 큰 힘을 가지고 있다. 앞에서 소개한 '옴 마니반메 훔'과 같이 매순간 어려움이 있는 불자님들이 단 7일만이라도 지극히 정신을 집중하여 부르면 한 가지 소원은 이룰 수 있다는 진언 중의 하나다.

『천수경』에서 중심 기도 진언으로 권하는 것은 '신묘장구대다라니'와 '옴 마니 반메 훔' 그 다음이 여기에 나오는 '준제진언'이다. 이 세 가지 진언 가운데 하나를 골라서 끊이지 않고 평생 동안 염송하면 좋은 결과를 얻을 수 있을 것이다.

아금지송대준제　我今持誦大准提
즉발보리광대원　即發菩提廣大願
원아정혜속원명　願我定慧速圓明
원아공덕개성취　願我功德皆成就
원아승복변장엄　願我勝福遍莊嚴
원공중생성불도　願共衆生成佛道

내 이제 거룩하신 준제진언을 가지고 기도 염송하옵니다.
이 순간 이후 보리 지혜를 발하여

한없이 넓고 큰 당신의 원력의 세계에 들게 하시옵소서.

바라옵건데 빠른 시간 안에 염송 삼매 속에서

지혜를 증득하게 하시옵소서.

마침내는 이 같은 기도 공덕으로

모든 소원이 원만하게 이루도록 자비를 베푸소서.

바라옵니다.

어떠한 장애도 뛰어넘어 받은 이 복덕이

저희의 이웃들에게 고루 미치도록 하옵소서.

공업 중생 모두가 부처님의 지위에 들어가도록

자타일시 성불도를 간절히 발원하옵니다.

우리가 『천수경』을 염송하며 기도하는 것의 본래 목적은 눈앞에 있는 작은 이익을 탐해서가 아니다. 끝도 없이 일어나는 이 생각, 저 생각이라는 놈에게 끌려다니는 안타까운 자신을 육도윤회 밖에서 돌아다니게 내버려 둘 수가 없어서 안으로 불러들이려는 것이다.

본래 평화로운 마음 상태를 되찾도록 신호음을 보내는 것이 바로 염송기도의 참된 목적이다. 우리들의 삶이 말 안 듣는 염소가 코뚜레를 꿰인 채로 이리저리 끌려다닌 것과 같다면 얼마나 처량한 인생이겠는가.

자유로운 영혼으로 회귀하자는 말이다.

욕심을 채우는 것이 아니라 욕심을 비우는 것이 기도이다. 자신보다는 상대방을 위해 기도할 때 비로소 자신의 기도가 원만히 성취된다는 것도 상기해 둘 필요가 있다.

이렇듯 자(自)와 타(他)의 목적을 공히 함께 이루는 것이 준제공덕의 정신임을 잊지 말자.

언제나 부처님과 부처님의 진리와 그 가르침을 따르는
수행자들의 말씀을 들을 수 있는 인연되기를 원하옵니다.

제 8 장
목숨이 다할 때까지

마십굴의 전설

아낌없이 주는 나무

목숨이 다할 때까지

묘선 공주 이야기

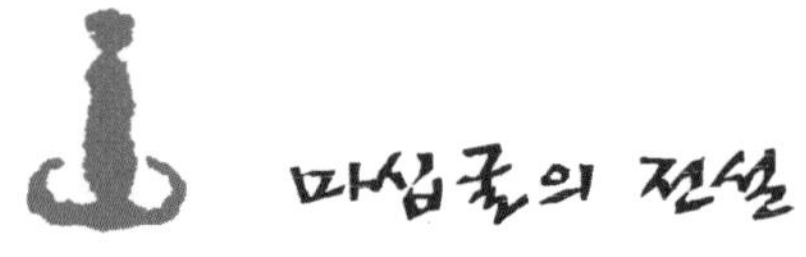

마십굴의 전설

정확한 연대기는 확인할 수 없지만 북한 지역 황해도 수안이라는 곳에 마십굴의 전설이 있다. 이야기의 내용은 이러하다. 수안 마을에는 아주 착한 나무꾼 마십 부부가 살고 있있다. 그들은 매일매일 나무를 해서 시장에 내다 팔아 그것으로 생활을 연명하는 가난한 살림이었지만 하루하루 행복하게 살았다.

그러던 어느 날이었다. 그날도 나무꾼은 산에 올라가 나무를 하고 있었다. 그런데 저쪽 편 큰 바위 아래서 사람의 신음소리가 났다. 이상하다고 여긴 나무꾼은 그곳으로 가 보았다. 웬 낯선 사내가 피를 흘리며 신음하고 있었다. 나무꾼 마십은 그대로 두었다가는 사람이 죽을지도 모른다는 생각에 쓰러져 있는 사내를 업고 집으로 돌아왔다.

집에서 나무꾼을 기다리던 아내는 나무 대신 웬 낯선 사내를 업고 나타난 마십을 보고는 의아해 하며 물었다.

“그 사람이 누군데 업고 오신 겁니까?”

그러자 나무꾼은 손사래를 치며 말했다.

“부인 큰일 났소. 사람이 곧 죽게 생겼으니 자초지종은 나중에 이야기하기로 하고 우선 따뜻한 물부터 마련하시오.”

그렇게 해서 낯선 사내는 그들의 지극한 정성으로 3일만에 깨어났다. 그리고 얼마동안 더 보살펴 주니 기운을 완전히 회복하게 되었다.

그런데 이 낯선 사내는 나무꾼 부부의 간호에 의해 건강을 되찾게 되었는 데도 계속해서 나무꾼 집에 머문 채 돌아갈 생각을 하지 않는 것이었다. 하루는 나무꾼 아내가 말했다.

“이보시오. 젊은 양반 우리 집은 살림이 곤궁하여 객식구를 오랫동안 머물게 할 수 없습니다. 이제 그 정도 되었으면 집으로 돌아가시지요.”

그러자 이 낯선 사내는 아무 말도 하지 않고 천정만 쳐다보고 있었다. 나무꾼 마십이 다시 아내를 나무라며 한 마디 했다.

“아무리 그렇지만 내 집에 머무는 손님에게 야박하게 가라는 법이 어디 있단 말이요. 조금 더 있다 보면 가시겠지.”

그리고 나무꾼은 산으로 나무를 하러 떠났다.

한편 집에서 환자인 척 함께 살고 있던 낯선 사내는 나무꾼 아내의 미모에 홀딱 빠져서 집으로 갈 생각을 하지 않았다. 뿐만 아니라 나무꾼이 자리를 비운 틈을 타서 나무꾼 아내에게 은근히 말했다.

“이보시오 부인, 사실 난 그동안 말은 안 했지만 이곳 고을 원님의 아들이요.”

자신의 신분을 밝히며 저간의 사정을 이야기했다.

“어쩌다 친구들과 사냥을 나왔다가 발을 헛디뎌 낭떠러지에 굴러 이 집 신세를 지게 되었소. 하지만 나는 부인이 너무 마음에 들었다오. 해서 하는 말인데 이 같이 아름다운 부인을 이따위 누추한 촌구석에 둘 수 없소. 그러니 나와 함께 가 준다면 당신을 호강시켜 주겠소.”

이렇게 나무꾼 부인에게 수작을 걸며 말했다. 순간 당황한 나무꾼 부인은 두 눈을 크게 뜨고 말했다.

“당신이 아무리 고을 원님의 아들이라 해도 사람으로서는 할 수 없는 말을 하는군요. 우리 부부가 아니었다면 당신은 벌써 죽은 목숨이요. 산에서부터 실신한 당신을 업고 달려온 나의 남편이 이 이야기를 듣는다면 얼마나 분노하겠습니까. 못 들은 것으로 할 테니 제발 오늘 중으로 돌아가세요.”

부인의 매몰찬 반응에 기가 눌린 사내는 그 길로 길을 떠났다. 사실 나무꾼의 아내는 그 마을뿐만 아니라 주변 마을에까지 소문이 날 정도로 용모가 빼어난 여자였다. 더러는 바보같이 사람만 좋은 마십에게는 과분한 여자라고 입방정을 떠는 사람도 있었다.

이 같은 사건이 있고 난 얼마 후 원님의 아들은 제 아버지가 부리는 하인들을 앞세우고 나무꾼의 집으로 들이닥쳤다. 영문도 모르는 나무꾼 마십은 자신이 구해준 사람이 갑자기 나타나 강도처럼 돌변하여 아내를 강제로 끌고 가는 상황을 이해할 수 없었다.

"이보시오. 우리 부부가 무엇을 잘못했다고 이러시오."

그러자 원님의 아들은 음흉한 얼굴로 말했다.

"너 같은 놈에게 저렇게 예쁜 아내가 가당키나 하냐. 내가 데리고 가서 호강시켜 줄 터이니 그리 알고 있거라."

나무꾼 마십은 기가 막혔다. 아내를 빼앗기지 않으려고 발버둥쳐봤지만 덩치 큰 장정들을 당할 수는 없었다. 나무꾼은 마지막으로 원님의 아들에게 말했다.

"세상에 이럴 수는 없소. 죽어가는 생명을 살려 주었는데 은혜는 못 갚아도 이 같은 패악이 또 어디 있단 말이요. 제발 그만두시오."

원님의 아들은 가소롭다는 듯이 빈정거렸다.

"딴은 그렇다. 하지만 네가 너무 과분한 마누라를 둔 죄다. 네 아내를 꼭 찾고 싶다면 저 건너 바위산을 50리만 뚫어 보아라. 그때는 두말없이 네 아내를 돌려주지."

인간이기를 포기한 원님 아들은 나무꾼 아내를 가마에 태우고 사라져 버렸다.

나무꾼 마십은 가지 않으려고 몸부림치던 아내의 얼굴이 꿈속에 나타나 밤새 잠을 이룰 수가 없었다. 다음 날 아침 나무꾼은 어떻게 하든 아내를 찾아와야 한다는 일념으로 건너편 바위산으로 향했다.

정과 망치만 가지고 바위산을 뚫을 수 없다는 것은 누구나 아는 일이었다. 마을 사람들은 괜시리 일생을 허비하지 말라고 만류했다. 아내를 포기하는 것이 현명하다는 사람도 있었다.

하지만 나무꾼 마십에게는 오직 사랑하는 아내를 지켜주지 못한 자괴감과 기어이 아내를 되찾고 말겠다는 마음뿐 다른 말은 귀에 들어오지도 않았다. 나무꾼 마십은 그날 그날의 작업한 내용을 돌에다 금을 그어 표시해 나갔다.

어느덧 백일이 되었다. 그렇지만 정과 망치 하나로 돌을 쪼아 굴을 파는 일이 그리 쉽겠는가. 50리는 고사하고 단 1리도 뚫지 못했다. 100일 지났지만 겨우 돌 껍질을 벗겨놓은 것이 전부였다. 그러나 나무꾼은 실망하지 않았다. 죽음을 각오하고 계속해서 돌을 뚫어 들어갔다.

그런데 갑자기 구멍이 뻥 뚫리면서 앞이 환하게 열리는 터널이 생겼다. 우연히도 누군가 예전에 광산을 하면서 뚫어 놓은 터널의 막다른 곳을 망치로 친 것이었다. 나무꾼은 기뻐서 어쩔 줄 몰랐다. 순식간에 50리 길을 뚫은 것이었다.

뚫린 굴을 따라 한참을 가서 밖을 내다보니 그곳은 우연히도 원님이 살고 있는 뒷마당으로 통하는 굴이었다. 마침 뒷마당을 서성이는 여인이 있었다. 그 여인은 바로 남편이 보고 싶어 눈물을 흘리고 있던 나무꾼 아내였다. 나무꾼 마십은 너무나 반가운 나머지 사랑하는 아내를 부둥켜안고 어린아이처럼 큰소리로 엉엉 울었다.

하지만 이들의 모습은 도망갈 궁리만 하고 있는 나무꾼 아내를 감시하고 있던 원님 아들에게 발각되었다. 놀란 원님 아들은 "도둑놈 잡아라!" 하고 소리를 냅다 질렀다. 그러자 하인들이 우르르 몰려들었다.

나무꾼은 아내의 손을 잡고 자신이 뚫고 나왔던 굴 속으로 도망치기 시작했다. 이를 지켜본 하인들도 뒤를 쫓아 터널 속으로 들어갔다. 그런데 나무꾼 마십 부부가 지나간 뒤 굴의 중간쯤에서 천정이 무너져 하인들이 몰살하고 말았다. 화가 머리 끝까지 난 원님 아들은 나무꾼이 처음에 들어간 입구 쪽으로 가서 그들이 나오기를 기다렸다.

하지만 아무리 기다려도 나무꾼 부부는 나오지 않았다. 극악한 원님 아들은 굴 입구에 나무를 잔뜩 쌓아 놓고 불을 질렀다. 그러자 갑자기 굴 속에서 큰 물이 폭포처럼 쏟아져 나오면서 주변을 온통 물바다로 만들어 버렸다. 원님 아들 또한 그 물살에 떠내려가 익사하고 말았다.

지금도 북한의 황해도 수안 땅에 가면 '마십' 이라 이름이 붙여진 굴이 있는데, 그 굴 속에서는 여전히 물이 샘솟듯 나오고 있다고 한다.

오늘날 한국 불자들에게는 마십과 같은 지구력과 꼭 이루고야 말겠다는 끈질긴 믿음의 기도가 꼭 필요한 때다. 입으로만 웅얼거리고 혼신을 다하지 않고 마음도 담겨 있지 않은, 발원도 없는 염송(念誦)과 기도(祈禱)는 이제는 거둬 치울 때가 되었다.

부처님이 되고자 하는 자는 열 가지 목적과 목표를 세워야 한다.

여래십대발원문　如來十大發願文

원아영리삼악도　願我永離三惡道
원아속단탐진치　願我速斷貪嗔痴
원아상문불법승　願我常聞佛法僧
원아근수계정혜　願我勤修戒定慧
원아항수제불학　願我恒隨諸佛學
원아불퇴보리심　願我不退菩提心
원아결정생안양　願我決定生安養
원아속견아미타　願我速見阿彌陀
원아분신변진찰　願我分身遍塵刹
원아광도제중생　願我廣度諸衆生

저는 지옥, 아귀, 축생 등 삼악의 고통에 빠져있는

저들을 구원하는 주체가 될 때까지 기도하겠습니다.

저는 하루빨리 탐욕과 질투와 어리석음을 끊어내는

수행자가 되기를 원합니다.

언제나 부처님과 부처님의 진리와 그 가르침을 따르는

수행자들의 말씀을 들을 수 있는 인연되기를 원하옵니다.

간절히 서원하옵니다.

나태심 내지 않은 수행자가 되어

약속된 일에 어긋나지 않고 바른 지혜를 이루겠습니다.

제가 이제 모든 부처님의 경전을

항시도 손에서 놓지 않고 배우고 익혀서

배운 만큼 이웃에게 나누겠습니다.

저의 기도는 지혜로운 참사람이 될 때까지

어떤 어려움이 있어도 한 치의 물러남 없이 계속하겠습니다.

다시 한번 서원합니다.

모든 이들이 마음의 평화가 깃들 때까지

결정코 기도를 멈추지 않을 것입니다.

저는 바로 이 땅에 정토를 실현하여

아미타 부처님을 모시고

중생들과 함께 기쁨 누리기를 소망합니다.

원하옵건데 저의 몸이 가루가 되도록

모든 중생들이 필요로 하는 곳에 쓰여지기를 발원하옵니다.

저는 오로지 끝도 없는 중생계의 많은 이들에게

부처님 말씀을 전하고

그들을 구원할 힘을 갖추기를 소원합니다.

 # 아낌없이 주는 나무

1930년 9월에 미국 시카고의 어느 마을에서 태어난 유명한 동화작가 쉘 실버스타인의 작품을 소개할까 한다. 쉘은 동화작가로서 뿐만 아니라 시인이자 작곡가 또는 사진작가로서도 널리 알려진 인물이다. 특히 이 사람의 작품은 어린이들 뿐만이 아니라 어른들도 즐겨 읽는 그림동화를 많이 펴냈다.

70년대 어떤 가수가 불러서 유행했던 '이가 빠진 동그라미' 역시 쉘의 작품이다. 그 외에도 많은 작품들이 있지만 내가 가장 좋아하는 이야기는 '아낌없이 주는 나무' 이다. 스토리의 대강은 이러하다.

산 둔덕에 사과나무 한 그루가 있었다. 사과나무는 언제나 자기와 함께 놀아주는 꼬마 친구를 하나 두었다. 이 꼬마 친구는 사과나무의 가지에 올라가 놀기도 하고 그네를 매달아 놀기도 했다.

그러던 어느 날 꼬마 친구가 조금 성장해서 나타나 말했다.

“나는 이제 그네 같은 것은 필요 없어. 나에게는 돈이 필요해.”

그러자 사과나무는 가지에 주렁주렁 매달린 사과 한 바구니를 주면서 그것을 시장에 내다 팔아서 쓰라고 했다. 그렇게 사과를 한 바구니 가지고 간 꼬마 친구는 한 동안 연락이 없었다.

그리고 얼마쯤 뒤에 나타난 꼬마 친구는 또 말했다.

“난 이제 결혼도 해야 하고 가족이 함께 살 수 있는 집이 필요해.”

다시 사과나무는 가지를 잘라서 집을 지을 수 있는 목재를 마련해 주었다. 그렇게 얼마쯤 시간이 흐른 뒤에 꼬마 친구는 이제 늙은이가 다 되어서 나타나 말했다.

“그동안도 고마웠지만 나는 멀리 여행할 수 있는 통나무배가 하나쯤 필요하단다. 네가 해줄 수 있겠니?”

사과나무는 자기 몸통을 베어서 통나무배를 만들어 가져가도 좋다고 말한다. 꼬마 친구는 사과나무 몸통을 잘라서 통나무배를 만들었다. 그리고는 멀리 여행을 떠나버렸다.

이윽고 사과나무는 밑둥치 밖에 남지 않았다. 염치없는 꼬마 친구는 호호백발이 되어 지팡이를 짚고 다시 돌아왔다. 그리고는 사과나무에게 말했다.

“이제는 편안히 쉴 수 있는 의자가 필요하단다.”

사과나무는 친구를 위해 밑둥치를 내주며 그곳에 앉으라고 권한다.

이야기는 그렇게 자신의 모든 것을 내어준 사과나무가 한없이 행복해하는 것으로 끝이 난다.

이 ‘아낌없이 주는 나무’의 동화적 표현은 그리스도들의 봉사정신을 표방한 내용이다. 이 세상 모든 어머니나 아버지들의 자식에 대한 헌신적인 사랑이기도 할 것이다.

『천수경』의 마지막에는 ‘사홍서원’이 있다. 『천수경』은 수행자의 길을 가는 사람이면 누구나 네 가지 큰 다짐이 있어야 한다고 말한다.

첫 번째는 ‘가이 없는 중생을 모두 구원하는 주체가 되겠다.’는 다짐이다.

두 번째는 ‘온갖 잡스러운 생각들을 떨쳐 버리고 고요한 수행자가 되겠다.’는 것이다.

세 번째는 ‘부처님께서 가르치신 진리의 말씀이 아무리 양이 많아도 남김없이 다 터득하고야 말겠다.’는 원력을 세우는 일이다.

네 번째는 기필코 부처님과 동등한 인격체의 완성을 이루겠다.’는 굳은 다짐이다.

그 같은 목적의 기도와 수행은 가상하다. 그러나 우리 불자들이 왜곡하여 잘못 알고 있는 게 있다. 염송, 염불만을 앵무새나 녹음기처럼 달달 외운다고 부처의 지위가 성취되는 것은 아니다. 마음만 고요하게 삼매에 들면 된다는 생각도 어불성설이다.

어떤 사람은 '상구보리 하화중생'을 주장하면서 위로는 부처님과 같은 지혜를 얻고 아래로는 중생을 구하는 것이 수행자의 참된 정진이라고 한다. 그러나 먼저 생각해야 할 게 있다. 도로도 안 닦아 놓고 큰 자동차부터 장만하는 격이 되어서는 안 된다.

모두를 태우고 갈 수 있다는 자신감도 재고해 볼 필요가 있다. 제 아무리 뛰어난 운전 솜씨를 가진 사람이라 할지라도 잡초가 무성한 산비탈 자갈길을 자동차로 달릴 수 있다고 억지를 부려서는 안 된다. 선근(善根)이라는 도로를 정비해 놓지 않고는 어떤 고급스러운 자동차도 운행할 수 없다.

『천수경』을 염송하고 정진하는 불자라면 무엇보다도 먼저 해야 하는 선행 조건이 있다. 부처님 되는 길은 잠시 뒤로 미루고 자신을 필요로 하는 곳이라면 어디든지 가리지 않고 달려갈 마음 준비는 되어 있는지 자문해 봐야 한다. 번뇌를 끊어서 무엇을 할 것이며, 법문을 엄청나게 많이 들어서 무엇을 할 것이며, 부처가 된들 무엇을 할 것인가에 대한 확고한 신념이 전제되어야 한다는 말이다.

중생을 구하기 위해 부처가 되는 것이지 혼자 잘 먹고 잘 살아 보겠다

고 부처 되는 것은 절대 아니다. 다시 말하면 본말이 전도되었다는 사실
이다. 앞뒤가 딱 맞아 떨어지는 염송 수행법은 다른 것이 아니라 앞에서
얘기한 '아낌없이 주는 나무' 가 되어야 한다. 이는 곧 보살도 정신으로
회귀하는 길이다.

지금부터라도 좋다. 세상을 보는 눈과 귀, 그리고 몸짓이 아름다운 사
랑으로 충만한 불자로서의 자신을 발현하고 만들어가자. 마음 먹기에 따
라 참 쉽고도 어려운 길이다. 말처럼 쉬우면 어찌 수행이라고 하겠는가.
더도 말고 꼭 제 몸에 맞는 수행자의 길을 가 주기를 첨언한다.

중생무변서원도　　衆生無邊誓願度
번뇌무진서원단　　煩惱無盡誓願斷
법문무량서원학　　法聞無量誓願學
불도무상서원성　　佛道無上誓願成
자성중생서원도　　自性衆生誓願度
자성번뇌서원단　　自性煩惱誓願斷
자성법문서원학　　自性法問誓願學
자성불도서원성　　自性佛道誓願成

사홍서원

내 이제 서원 드리옵니다.
저 많은 중생계의 고통과 함께 할 것입니다.
내 이제 서원하옵니다.
끊질긴 번뇌의 사슬을 결정코 끊어낼 것입니다.
내 이제 서원 드리옵니다.
한없는 부처님의 진리 속으로 걸어들어 갈 것입니다.
내 이제 서원하옵니다.
온전한 부처님의 세계를 체험으로 이루겠습니다.

다시 한번 맹세하옵니다.
저의 어리석은 중생의 껍질을 벗어던질 것입니다.
다시 한번 맹세하옵니다.
저의 방황으로 혼탁해진 마음을 바로 잡을 것입니다.
다시 한번 맹세하옵니다.
저의 치열한 수행자의 자리로 거듭날 것입니다.
다시 한번 맹세하옵니다.
저의 맑고 순수한 본래 모습으로 돌아갈 것입니다.

 ## 목숨이 다할 때까지

부처님께서 열반에 드시기 전에 설하신 『법화경』 제
4품 〈신해품〉을 보면 장자와 궁자의 설화가 나온다. 이 설화의 내용을
요약해 보면 이렇다.

부자 아버지와 가난한 아들의 이야기다. 어떤 이유에서인지 어린 시절
부모를 떠나 유랑아처럼 떠돌아다니며 하루하루 걸식과 품팔이로 살아
가는 아들이 있었다. 그는 스스로 자신이 천애의 고아인 줄로만 알고 있
었기 때문에 부모가 생존해 있는 줄도 몰랐다. 하루는 "품삯은 그만두고
밥이라도 얻어 먹을 수 있다면 만족하자." 하고 생각하곤 어느 부잣집 대
문간에 들러 품팔이를 하려고 문지기에게 일감을 달라고 부탁을 했다.

그러나 문지기에게 보기 좋게 거절당하고 만다. 실망한 이 청년은 속
으로 되뇌이기를, '그래 나 같이 천박한 인생이 이처럼 높고 귀한 집에서
밥을 빌고 일감을 달라는 자체가 어리석고 염치없는 짓이지' 하며 부잣집

에서 나왔다.

그때 먼발치에서 터벅터벅 힘없이 돌아가는 청년을 바라보는 사람이 있었다. 그는 다름 아닌 바로 이 집의 주인 장자였다. 장자는 '아니 저 아이는 예전에 내가 잃어버린 바로 그 아이가 아닌가!' 하고 생각했다.

집 주인은 한눈에 그를 알아보고 감격했다. 그렇게 오랫동안 온갖 방법을 동원해서 찾던 자신의 아들이 뜻밖에도 눈앞에 나타난 것이었다.

장자는 다소 흥분되기도 했지만, 자신이 거렁뱅이 청년과는 비교될 수조차 없는 엄청난 부호 장자의 지위에 있으니만큼, 갑자기 자신과 청년이 부자 관계라는 사실을 아무리 설명해도 사람들이 쉽게 믿지 않을 것임을 알았다.

그리하여 조금 재빠른 하인을 불러서 "지금 이곳에서 나간 저 청년에게 하찮은 청소라도 좋으니 할 수 있는 일거리를 주도록 하라."고 명했다. 제법 말솜씨가 좋은 하인은 주인이 시키는 대로 청년에게 마당을 쓸고 부엌일을 도와주는 일을 할 수 있게 해 주었다.

청년은 너무나 고맙고 감사하는 마음으로 정성을 다해 일을 했다. 그리고 점차 주인의 눈에 들어 정식 하인으로 인정받고 여러 가지 잡무를 볼 수 있는 직급에 올랐다. 그렇게 하여 시간이 흘러 몇 년이 지나자 마침내 주인집의 중요한 재산 내역에 관한 수입과 지출을 담당하는 재무 담당 하인이 되었다. 이쯤 되자 장자와 청년의 관계도 빠르게 친숙게 되었다.

얼마 후 노쇠한 장자는 죽음을 목전에 두고 주변의 친지와 이웃들을 초청해서 큰 잔치를 벌였다. 그리고 모든 사람들이 다 모인 자리에서 유언을 남기게 된다.

"사실은 처음부터 저 청년이 나의 아들임을 알았지만 다들 내 말을 믿으려 하지 않을 것을 알기에 오늘에야 비로소 말하게 되었습니다. 그러므로 나의 모든 재산을 물려줄 나의 친자임을 확인하고 나의 사후에 이 집과 전 재산을 저 아이에게 유산으로 물려줄 작정입니다. 이곳에 모인 여러분들이 증인이 되어 주시기 바랍니다."

장자의 발표에 모든 사람들은 반신반의 하였지만 아버지의 막대한 유산을 물려받은 아들은 감격했다. 그러나 좀 더 빨리 자기의 본래 집으로 돌아오지 못한 것을 후회했다. 그리고 저 훌륭한 장자가 제 아버지인 것을 알아보지 못한 어리석음도 참회하였다. 청년은 장자 아버지로부터 물려받은 여러 가지 재산 가운데 보물 창고를 우선 활짝 열어 보았다. 그곳에는 세상에 태어나서 한번도 본 적이 없는 진귀한 보물들이 창고 가득 넘쳐나고 있었다.

『법화경』「신해품」에는 한 편의 드라마 같은 비유 설화가 이야기 되고 있다. 여기에 출연하는 등장 인물 가운데 장자 아버지는 즉 부처님을 뜻하고, 가난뱅이로 유랑 걸식하던 아들은 바로 오늘날 우리 중생을 가리킨다. 부처님 눈에 비치는 우리네 중생들의 좁고 가난한 살림살이가 본래부터 가난한 것이 아니라, 충분히 다 갖추어져 있음에도 불구하고 어리석음 때문에 그것을 알아채지 못함을 일깨워 주기 위한 방편 설화인 것이다. 아버지의 유산이라는 것도 가설일 뿐 물질적인 재산을 뜻하는 것은 더욱 아니다.

보물 창고라는 자비의 마음 창고를 활짝 열고 보면 그 안에는 아무리 써도 모자람이 없이 진귀한 팔만사천 경전 보물들이 가득 차 있다. 〈신해품〉이라는 제목도 이 보물 창고를 어떠한 마음 상태로 접근할 것이며, 또한 어떤 믿음을 가질 것인지를 생각해보라는 의미일 것이다. 적어도 종교를 믿는 사람이라면 처음도 끝도 믿음의 뿌리를 깊이 내려야 한다.

설사 자기가 믿는 종교의 어느 일부분이 실망스럽거나 기대에 미치지 못한다 해도, 믿음을 바탕으로 어떠한 시련이 닥쳐와도 쉽사리 무너지지 않아야 한다.

물론 종교에 있어 의식의 절차도 중요하기는 하다. 그러나 그보다는 굳건한 믿음을 바탕으로 하는 지혜와 사랑으로 충만한 마음의 보물 창고를 활짝 여는 것이 우선이다. 행동하라. 자비를 실천하라. 부처님의 나라가 바로 저마다의 마음 안에 내재 되어 있음을 자각(自覺)하고 잠자는 자아(自我)를 깨워야 한다. 이것이 올바른 삼귀의 정신임을 알아야 한다.

발원이귀명례삼보　發願已歸命禮三寶

이 목숨이 끊어지는 날까지
부처님과 부처님의 진리와 부처님의 진리를
이 땅에 실현하려는 수행자 모두를 온 정성을 다해
제가 가장 아끼는 보물처럼 섬길 것을 발원합니다.

나무상주시방불　南無常住十方佛

온 우주 어느 곳이나 언제나 아니 계신 곳이 없으신
시방 세계의 모든 부처님을 향하여 엎드려 발원합니다.
형편없이 모자란 이 불자를 거두어 주십시오.

나무상주시방법　南無常住十方法

항상 시방에 두루 비추는

부처님의 진리를 믿고 의지할 것입니다.

나무상주시방승　南無常住十方僧

부처님의 뜻을 좇아 수행 정진하시는
덕 높은 스승님들께 이 몸을 의지할 것입니다.
부디 중생의 탈을 하루라도 빨리 벗어버리고
맑고 밝은 지혜 눈을 뜰 수 있도록 도우옵소서.

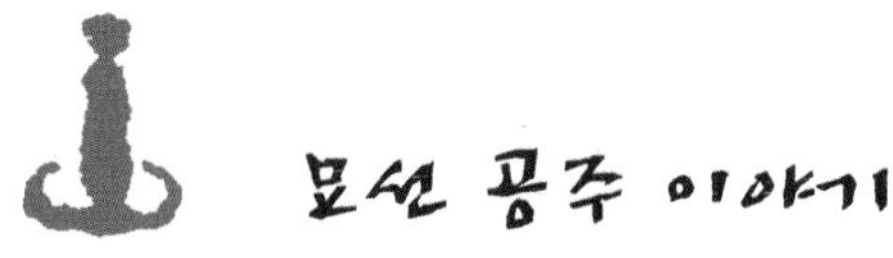

묘선 공주 이야기

아주 먼 옛날 가섭불 시대에 흥림국이라는 나라가 있었다. 이 나라에는 어여쁜 공주 셋이 자라고 있었는데 세 명의 공주 모두 빼어난 미모의 아름다움을 지니고 태어났다.

첫 번째 공주의 이름은 왕이 서재에서 책을 보다가 태어났다고 해서 '묘서' 라고 했다. 두 번째 공주의 이름은 시녀들이 거문고 타는 소리를 듣고 있을 때 태어난 아이라 하여 '묘음' 이라고 하였다.

그렇게 세월은 자꾸 흘러가는데 나라의 왕권을 물려줄 아들이 태어나지 않은 것에 국왕은 늘 불안하고 안타까워하였다.

그러던 어느 날 보덕 왕비가 하늘 선녀가 자기의 침실로 찾아오는 꿈을 꾸고 태중에 아이를 잉태하였는데, 그녀가 바로 묘장왕의 세 번째 딸 묘선 공주였다.

흥림국의 왕은 그래도 왕자를 낳을 것이라는 희망을 버리지 않고 있었다. 하지만 그 기대를 여지없이 무너뜨리며 다시 공주를 낳자 크게 실망

했다. 왕은 날마다 술 잔치를 벌였고 국정을 돌보지 않는 날이 점점 많아
지게 되었다.

왕을 위로 하고 국가 경영의 어려움을 간하러 들어간 충신들은 모조리
단칼에 베어져 나왔다.

그리하여 온 나라의 신하들이 모두 모여 의논을 하였다. 그러자 어느
대신이, "국왕은 이제 폐인이 된 것 같다. 이제 마지막으로 이웃나라에서
명성이 높은 큰 스님을 모셔다가 방법을 물어보도록 하자."는 의견을 제
시했다.

대신들은 그렇게 해서 모셔온 큰스님에게 간절히 청하여 왕이 제 정신
을 차리고 국정을 돌볼 수 있도록 간하여 줄 것을 부탁하기에 이른다. 마
침내 초청된 큰스님이 왕에게로 말하기를, "왕이시여, 무엇을 그리 걱정
하십니까. 딸들을 모두 시집 보내십시오. 그리고 사위감들 중에서 제일
똑똑한 부마를 골라 나라를 맡기시면 될 일입니다."라고 간언하였다.

그제서야 왕은 정신을 차리고 딸들을 불러서 모두 한꺼번에 시집을 보
내겠다고 말했다. 그리고 첫째 딸에게 "너는 어떤 남자가 남편감으로 적
당하다고 생각하느냐?"하고 물었다.

그러자 첫째 묘서 공주는 "아버님 저는 문장이 뛰어나고 말을 잘하여
누구든 설득할 수 있는 사람이었으면 좋겠습니다."라고 말하였다.

두 번째 공주 묘음은 "저는 수천의 군사를 단 한마디로 호령할 수 있는 늠름한 장군을 남편으로 맞이하고 싶습니다."하고 자기 생각을 말했다.

그러자 왕은 흡족해 하면서 "그렇지, 수천 명의 장졸들보다 지략과 용맹이 뛰어난 한 명의 장수를 얻는 일은 쉬운 일이 아니다."하고 말했다.

국왕은 마지막 셋째 딸 묘선 공주에게 눈길을 주며 "그래 우리 묘선은 어떤 남자를 낭군으로 얻고 싶으냐?"하고 물었다.

묘선 공주는 아버지 국왕의 질문에 선뜻 대답을 하지 못하고 머뭇거렸다. 기다리다 답답해진 왕이 어서 대답해 보라고 채근했다.

"아바마마, 소녀는 한 사람의 낭군에 의지하여 평생을 살아야하는 결혼은 생각해 보지 않았사옵니다. 아바마마께서 허락해 주신다면 부질없는 세속의 즐거움보다 차라리 부처님 제자가 되어 더없는 보리 지혜를 구하는 수도 생활을 해 보고 싶습니다."

지금까지 태자를 얻지 못한 상실감에서 겨우 정신을 차리고 흥겨운 잔치를 베풀었던 왕과 주변 사람들에게는 충격적인 고백이었다. 일순간에 좌중의 공기는 싸늘하게 식어 버렸다. 왕은 뜻밖의 대답에 당황하는 모습을 감추지 못했다. 비록 그가 공주의 신분이기는 하지만 감히 무소불위의 권력을 가진 국왕의 면전에서 그것도 수많은 신하들이 지켜보는 가운데 그 같은 말을 입에 올린다는 것은 상상할 수도 없는 항명이며 망발이었다.

막내 공주인 묘선의 말이 채 끝나기도 전에 왕은 버럭 화를 내며 말했다.

"집어치워라. 네 감히 나의 말을 거역하고 산속에 들어가 비구니가 되겠다니 허락할 수도 없을 뿐만 아니라 용서할 수 없는 일이다."

불쾌한 기분을 억누르지 못한 왕은 그 자리에서 일어나 자기 방으로 돌아가 버렸다. 그리고 얼마의 시간이 지난 뒤 묘선의 모후인 보덕 왕비가 막내 공주를 찾아와 말했다.

"묘선아, 네가 생각하는 부처님의 제자가 되겠다는 마음은 참으로 훌륭하고 기특하다. 그러나 한 나라의 공주의 몸은 여염집 아낙들처럼 제 몸을 마음대로 할 수 없단다. 궁중의 법도는 엄한 것이다. 그러므로 제발 부왕의 명령을 거역하여 부왕을 분노케 하지 말거라."

왕비는 회유의 말로 묘선 공주를 설득했으나 고집을 꺾지 않자 다시 한번 왕에게 찾아가 간했다.

"위대한 흥림국의 왕이시여, 제발 불효한 이 여식이 출가하여 부처님 제자가 될 수 있도록 윤허해 주시옵소서."

순간 부왕은 분노를 참지 못했다.

"여봐라 오늘부터 묘선은 공주의 신분을 박탈하노라. 그리고 저 아이가 입은 옷을 모두 벗기어 감옥에 가두도록 하라. 또한 이 시간 이후 한 톨의 음식도 주지 말고 굶겨서 죽여라."

왕의 불호령이 내려졌다. 참혹한 형벌을 자청하여 고통을 당하는 묘선을 위하여 언니들과 또 모후인 보덕 왕비까지 나서서 부왕에게 용서를 구하고 구명 운동을 벌였다. 한편으로 묘선 공주를 달래도 보고 협박도 해 보았지만 한번 먹은 마음은 요지부동이었다.

마침내 부왕은 더 이상 그대로 두었다가는 국법이 문란해질 것을 우려하여 묘선 공주에게 사형 명령을 내리기에 이르렀다. 왕의 명을 받은 사형수가 칼춤을 추며 공주의 목을 내리치는 순간 칼이 두 동강이 나고 말았다. 두 번 세 번 거듭 시도해 보았지만 역시 사형수의 칼은 썩은 나무 토막처럼 부러지고 말았다.

이 같은 광경을 신하로부터 보고 받은 왕은 요물이 태어났다고 생각하여 그녀에게 헌옷 한 벌을 주어 성 밖으로 추방해 버렸다. 오랜 수형 생활 동안 한 끼의 밥도 제대로 먹지 못한 묘선은 심신이 몹시 지쳐 있었다. 그러나 비록 부왕으로부터 미움을 받아 쫓겨난 몸이기는 하지만 새장에 갇혀 있던 새가 자유를 얻은 듯이 기쁘기만 했다.

묘선 공주는 부처님의 제자가 되어 출가하게 되었다는 사실 하나만으로 충분히 행복했다. 그가 출가한 사찰은 백작선사라는 절이었다. 주지 스님을 만나 인사를 여쭙고 부처님 제자가 되고 싶어 찾아 왔노라고 저간의 사정을 여쭈었다. 그러나 이곳 백작선사의 주지 스님 역시 묘선 공주를 쉽게 받아 주지 않았다.

"그대는 무엇 때문에 세상 사람들이 모두 다 부러워하는 명예와 권력과 즐거움만 가득한 공주 자리를 버리고 춥고 배고프고 뼈를 깎는 고통만 기다리고 있는 스님 생활을 동경한단 말이요. 이해할 수 없소."

그러자 묘선이 말했다.

"세간의 부귀영화는 잠시 잠깐의 즐거움일 뿐 한순간 지나가 버릴 꿈인 것을요. 저는 기필코 부처님의 제자가 되어야겠습니다."

묘선의 눈빛에는 어느 누구도 넘볼 수 없는 강인한 의지가 드러나고 있었다.

"세상에 태어나서 아무리 아름다운 용모를 가지고 있다고 한들 무엇 하겠습니까. 얼마 지나지 않아 얼굴은 쭈글쭈글해지고 이빨은 다 빠져버린 늙은이로 무상하게 살다가 마침내 병들어서 죽고 말 것을요. 나는 거듭거듭 나고 또 죽는 윤회의 고통을 벗어나는 길은 오직 이 길뿐이라고 확신합니다."

묘선 공주의 단호한 결심을 들은 백작선사의 주지 스님은 놀라는 표정이었다. 하지만 공주를 다시 한번 설득하려 했다.

"우리 절에서 받아들일 수 없는 이유가 또 있답니다. 그대와 그대의 아버지이신 부왕과의 갈등은 온 나라가 다 아는 일입니다. 그런데 만약에 그대가 이곳에 있는 것을 알게 된다면 한동안 소란스럽고 번거로움만 더할 것입니다. 조용하게 수행만 하고 계시는 이곳 백작선사의 수많은 스님들에게 큰 피해가 올 것이기 때문입니다."

그러나 묘선은 백작선사 주지 스님의 간곡한 만류에도 불구하고 고집을 꺾지 않았다.

"불이 무서우면 불을 사용하지 못할 것이요. 물이 무서우면 물을 마시지 못할 것입니다. 나고 죽는 윤회를 벗어나는 오직 한 길은 부처님과 같이 스스로 자성이 청정함을 깨닫는 길뿐입니다. 견성 성불할 수만 있다면 굶주린 호랑이에게 뼈를 싸고 있는 이 살가죽 포대를 기꺼이 던져준들 무엇이 두렵겠습니까."

주지 스님도 더는 묘선 공주를 회유나 설득으로는 궁으로 돌려보낼 수 없음을 알았다. 그러나 얼마 지나지 않아 주지 스님이 예상했던 대로 묘선 공주의 부왕인 묘장왕의 명령을 받은 군사들이 왕궁에서 몰려 왔다. 그리고는 그곳 사찰에 불을 지르는 만행을 저질렀다. 삽시간에 백작선사는 거센 불길에 휩싸였다. 이를 지켜본 묘선은 하늘을 향해 통곡하며 간절한 기도를 올렸다.

"하늘의 신들이시여! 출가자의 정신은 청정합니다. 오직 위로 부처님과 같은 성불을 구하고 아래로는 일체 중생을 모두 구하고자 합니다. 더 무엇을 바라는 것도 아닙니다. 그런데 어찌하여 이 같은 시련을 주시는 것이옵니까?"

부족한 스스로의 믿음을 자책하며 가지고 있던 예리한 비녀로 입안을 찔러서 피를 머금은 뒤 불이 난 곳을 향해 사정없이 내뱉었다. 그러자 하늘에서 먹구름이 일고 갑자기 소낙비가 쏟아지기 시작했다. 일순간 불은 모두 꺼지고 처음부터 불이 나지 않은 것처럼 한곳도 훼손되지 않은 채 원상으로 복구되었다.

위의 묘선 공주 이야기는 중국 명나라 때 일반 불자들에게 널리 읽혀진 〈황산보권〉이라는 책에 나오는 관세음보살님의 전생담이다.

자칫 종교를 형이상학적 의미로만 그릇되게 받아들일 때가 있다. 분명한 것은 인간이 가질 수 있고 부릴 수 있는 정신의 에너지가 한곳으로 모아지고 그것이 집중되어질 때 상상을 초월하는 힘을 발휘할 수 있다는 것이다. 오늘날 우리 불자들 가운데 이 같이 절체 절명의 위기 의식을 가지고 지극한 마음으로 온몸을 던져 염송 기도를 한다거나 수행을 하는 사람이 몇 명이나 될까.

자신이 이루려는 것이 무엇이든 단 일 초의 시간도 그냥 보내지 말고 한 생각으로 기도한다면 신비한 일은 누구에게나 언제든지 일어날 수 있고 경험할 수 있다. 하지만 대다수 기도는 굳센 믿음보다는 반은 믿고 반은 못 믿는 반신반의 상태에서 이뤄진다. 그런 기도는 헛수고일 뿐이다.

우리는 삶에 대하여 얼마나 출세하고, 얼마나 더 가지고, 얼마나 안락한 생활을 누리느냐에 중요 가치를 둔다. 그러나 종교 생활을 한다는 것은 그러한 삶의 가치를 포기하고 어렵고 참혹한 고통을 감내하는 힘든 길을 가겠다는 의미이기도 하다. 늘 가진 것을 잃을까 전전긍긍하는 소유욕으로부터의 탈출이란, 말처럼 그렇게 쉽지 않은 일이다.

우선 아무것도 가지지 않겠다는 마음은 이 몸뚱이마저도 기꺼이 버릴 각오가 아니라면 엄두도 내서는 안 될 일이다. 한번 생각해보자. 내가 가진 이 몸뚱이부터 먹여주고 입혀주고 재워주는 마음의 간섭이 소유욕의 첫 출발점이다.

진정한 자유란 완전한 무소유의 경지, 즉 나를 버린다는 마음조차도 의식하지 않고 버릴 수 있는 상태에서만이 가능한 것이다. 그렇게 대자유인이 될 때 하늘과 땅이 모두 내 것이라는 일체동관(一體同觀)의 경지에 오를 수 있다.

모든 중생들을 가리지 않고 구제하시는 관세음보살님을 찬탄한 『법화경』 제25품 「관세음보살 보문품」의 사구게를 전한다.

구족신통력　具足神通力
광수지방편　廣修智方便
시방제국토　十方諸國土
무찰불현신　無刹不現身

신통한 힘을 모두 다 갖추셨으며
크게 수행하신 지혜의 공덕으로
온 우주 어느 곳이나 중생이 있는 곳은 자유로이
몸소　나타나시어　우리를　구원하시는　관세음보살님!

의상조사 백화도량발원문

머리를 조아려 귀의하나이다.

본사 관음대성의 대원경지를 관찰하옵고

또 제자의 성정본각에 계신 본사께서

수월로 장엄하신 무진상호를 관찰하옵고

또한 제자의 공화같은 유루형태의

의보와 정보를 관찰하오니

맑고 더럽고 괴롭고 즐거운 차이가 있나이다.

이제 관음보살의 대원경지 가운데 있는

제자의 거울 가운데 계신 관음대성이

소리를 발하사 가피를 입혀 주옵소서.

바라옵건데

제자는 세세생생에 관세음을 일컬어 본사로 삼되

보살이 아미타 여래를 이마에 이고 계신 것 같이

제자 또한 관음대성을 이마 위에 정대하고

십원육향과 천수천안과

대자대비를 모두 균등하게 지니며
이 세상과 저 세상에서
몸을 버리거나 몸을 받는 곳마다
그림자가 형상을 따르는 것 같이
항상 보살의 설법을 듣고
참된 법을 널리 퍼뜨리며
법계 안의 모든 중생이 다 함께
대비주를 외우고
보살의 명호를 염하여
다 같이 원통삼매의
성품바다에 들어지이다.

또 바라옵건데
제자의 이 몸이 다할 때
대성께서 광명을 놓으셔서
모든 두려움을 떠나 마음이 편안하게 해 주시고

잠깐 사이에 백화도량에 화생하여
여러 보살님들과 함께 바른 법을 듣게 하소서.
법류수에 젖어들어 찰나찰나 사이에
심성이 더욱 밝아져서
여래의 무생법인을 깨달아지이다.
지극한 마음으로
관음대성께 귀명정례 하나이다.

나무석가모니불
나무석가모니불
나무시아본사석가모니불

마음을 주는 손

발행 · 2011년 5월 06일 | 지은이 · 금단 정관 | 펴낸이 · 김동금 | 펴낸곳 · 우리출판사

주 소 · 서울특별시 서대문구 충정로3가 1-38호 | 등록 · 제9-139호

전화 · (02) 313-5047 5056 | 팩스 · (02) 393-9696 | E-mail · wooribooks@wooribooks.com

ⓒ 금단 정관 2011, Printed in Korea

ISBN 978-89-7561-305-0 02220   정가 13,000원

＊ 잘못 제작된 책은 교환해 드립니다.